PONS

W0300595

Satz für Satz
ITALIENISCH A1
Grammatik üben mit der Übersetzungs-Methode

von
Katarzyna Foremniak

PONS

Satz für Satz
Italienisch A1
Grammatik üben mit der
Übersetzungs-Methode

von
Katarzyna Foremniak

6. Auflage 2023

Übersetzung und Bearbeitung der Grammatiktexte: Dr. Anke Levin-Steinmann
Übersetzung und Bearbeitung der Übungssätze: Beate Stern
Redaktion: Susanne Magnani
Logoentwurf: Erwin Poell, Heidelberg
Logoüberarbeitung: Sabine Redlin, Ludwigsburg
Satz: Design Depot Ltd., www.design-depot.eu
Druck und Bindung: Multiprint GmbH, Kostinbrod

ISBN: 978-3-12-562166-4

Danke für Ihr Vertrauen!

Wir bei PONS sind der Überzeugung: Wer Sprachen spricht, dem steht die Welt offen. Aus diesem Grund entwickeln wir seit über 40 Jahren hochwertige Wörterbücher und Sprachlern-Produkte und entwerfen ständig neue didaktische Konzepte, um für alle Lernenden das Passende anbieten zu können.

Helfen Sie uns mit Ihrem Feedback!

Sind Sie mit dieser Übungsgrammatik zufrieden?

Dann freuen wir uns über Ihre **Weiterempfehlung**. Erzählen Sie es Ihrem Freundeskreis, der Buchhandlung Ihres Vertrauens oder schreiben Sie eine **Online-Rezension** und helfen Sie uns, dieses Buch anderen näherzubringen.

Sie haben Fragen bzw. Kritik oder Korrekturen an unserer Übungsgrammatik?

Wir freuen uns über Ihre Anregungen. Schreiben Sie uns eine Nachricht an **www.pons.de/kontakt** .

Ihr Feedback hilft uns, unsere Produkte immer weiter zu verbessern.

Herzlichen Dank für Ihre Unterstützung und viel Spaß & Erfolg beim Sprachenlernen.

Ihre PONS-Redaktion

Vorwort

Kennen Sie das? Sie lernen eine Grammatikregel, lesen die Erklärungen – und wenn es daran geht, das Wissen in die Praxis umzusetzen, werden Sie plötzlich unsicher ...
Mit der PONS Übungsgrammatik Satz für Satz Italienisch A1 lernen Sie auf eine einzigartige Art und Weise die Grammatik der italienischen Sprache, indem Sie einfache deutsche Sätze aus dem Alltag ins Italienische übersetzen. Dadurch erwerben Sie einerseits Kenntnisse über die grammatischen Phänomene, andererseits erweitern Sie durch das Übersetzen Ihren Wortschatz. Direkt bei jedem einzelnen Satz helfen Ihnen Tipps und Erklärungen, die Regeln richtig anzuwenden.

Das Buch enthält 36 Lektionen mit Übungen und Erklärungen zur italienischen Grammatik auf der Niveaustufe A1 des Gemeinsamen Europäischen Referenzrahmens (GER). Jede Lektion enthält 36 Sätze zu alltäglichen Themen.

Und so gehen Sie vor:

1. Auswählen

Wählen Sie im Inhaltsverzeichnis ein bestimmtes Grammatikthema, das Sie interessiert bzw. in dem Sie sich verbessern wollen.

2. Übersetzen

Decken Sie die auf der rechten Seite stehenden Lösungen mit einem Blatt ab, und übersetzen Sie die deutschen Sätze auf der linken Seite ins Italienische auf den dafür vorgesehenen Schreiblinien. Wenn Sie Ihren Wortschatz erfolgreich erweitern möchten, kommen Sie um die intensive Nutzung eines Wörterbuchs nicht herum. Online können Sie z. B. www.pons.de nutzen.

3. Lösungen vergleichen

Die Lösungen stehen dann ohne langes Blättern direkt neben Ihren Übersetzungen auf der rechten Seite. Vergleichen Sie Ihre Übersetzungen mit den Lösungen. Im Zweifelsfall oder bei Fragen helfen die Grammatiktipps und -regeln auf der rechten Seite in der rechten Spalte.

Hinweis: Die PONS-Redaktion ist sich durchaus bewusst, dass es nicht immer nur eine richtige Lösung beim Übersetzen geben kann. Dennoch haben wir hier nur eine Lösung angegeben, von der wir denken, dass sie am besten passt.

Ein Grammatikthema ist Ihnen noch gänzlich unbekannt? Kein Problem! Dann lesen Sie zuerst die Grammatikerklärungen auf der rechten Seite und übersetzen danach die Übungsseite.
Dieses Buch kann sowohl als Zusatzmaterial zu einem Sprachkurs als auch zum reinen Selbststudium verwendet werden.

Viel Erfolg!

Ihre PONS-Redaktion

Benutzerhinweise

1. **Wählen Sie ein Thema** aus. Decken Sie die Lösungen auf der rechten Seite ab.

3. **Decken Sie die Lösungen auf** und prüfen Sie Ihre Übersetzung.

4. Hier finden Sie Erklärungen zur **Grammatik**, nützliche Tipps und Kommentare zu den häufigsten Fehlern.

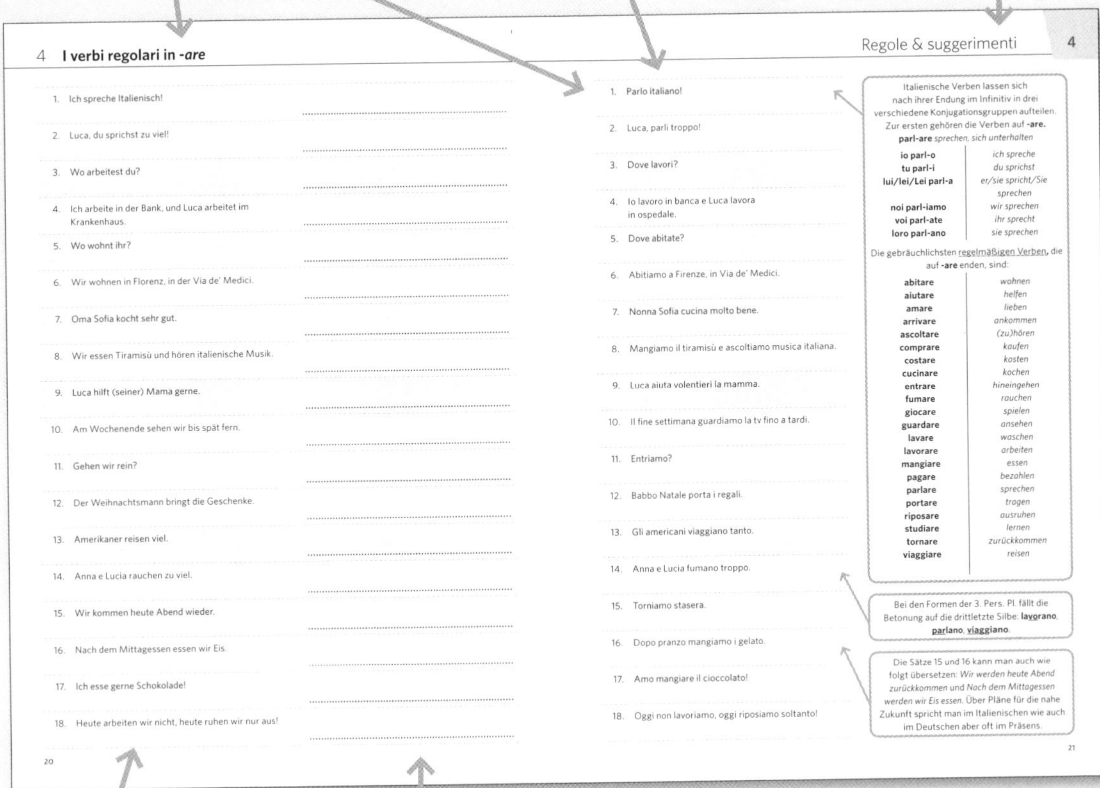

4 **I verbi regolari in *-are***

1. Ich spreche Italienisch!
2. Luca, du sprichst zu viel!
3. Wo arbeitest du?
4. Ich arbeite in der Bank, und Luca arbeitet im Krankenhaus.
5. Wo wohnt ihr?
6. Wir wohnen in Florenz, in der Via de' Medici.
7. Oma Sofia kocht sehr gut.
8. Wir essen Tiramisù und hören italienische Musik.
9. Luca hilft (seiner) Mama gerne.
10. Am Wochenende sehen wir bis spät fern.
11. Gehen wir rein?
12. Der Weihnachtsmann bringt die Geschenke.
13. Amerikaner reisen viel.
14. Anna e Lucia rauchen zu viel.
15. Wir kommen heute Abend wieder.
16. Nach dem Mittagessen essen wir Eis.
17. Ich esse gerne Schokolade!
18. Heute arbeiten wir nicht, heute ruhen wir nur aus!

20

Regole & suggerimenti 4

1. Parlo italiano!
2. Luca, parli troppo!
3. Dove lavori?
4. Io lavoro in banca e Luca lavora in ospedale.
5. Dove abitate?
6. Abitiamo a Firenze, in Via de' Medici.
7. Nonna Sofia cucina molto bene.
8. Mangiamo il tiramisù e ascoltiamo musica italiana.
9. Luca aiuta volentieri la mamma.
10. Il fine settimana guardiamo la tv fino a tardi.
11. Entriamo?
12. Babbo Natale porta i regali.
13. Gli americani viaggiano tanto.
14. Anna e Lucia fumano troppo.
15. Torniamo stasera.
16. Dopo pranzo mangiamo i gelato.
17. Amo mangiare il cioccolato!
18. Oggi non lavoriamo, oggi riposiamo soltanto!

Italienische Verben lassen sich nach ihrer Endung im Infinitiv in drei verschiedene Konjugationsgruppen aufteilen. Zur ersten gehören die Verben auf **-are.**
parl-are *sprechen, sich unterhalten*

io parl-o	*ich spreche*
tu parl-i	*du sprichst*
lui/lei/Lei parl-a	*er/sie spricht/Sie sprechen*
noi parl-iamo	*wir sprechen*
voi parl-ate	*ihr sprecht*
loro parl-ano	*sie sprechen*

Die gebräuchlichsten regelmäßigen Verben, die auf **-are** enden, sind:

abitare	*wohnen*
aiutare	*helfen*
amare	*lieben*
arrivare	*ankommen*
ascoltare	*(zu)hören*
comprare	*kaufen*
costare	*kosten*
cucinare	*kochen*
entrare	*hineingehen*
fumare	*rauchen*
giocare	*spielen*
guardare	*ansehen*
lavare	*waschen*
lavorare	*arbeiten*
mangiare	*essen*
pagare	*bezahlen*
parlare	*sprechen*
portare	*tragen*
riposare	*ausruhen*
studiare	*lernen*
tornare	*zurückkommen*
viaggiare	*reisen*

Bei den Formen der 3. Pers. Pl. fällt die Betonung auf die drittletzte Silbe: **lavorano**, **parlano**, **viaggiano**.

Die Sätze 15 und 16 kann man auch wie folgt übersetzen: *Wir werden heute Abend zurückkommen* und *Nach dem Mittagessen werden wir Eis essen*. Über Pläne für die nahe Zukunft spricht man im Italienischen wie auch im Deutschen aber oft im Präsens.

21

2. **Übersetzen Sie** die Sätze ...

... und **schreiben Sie** Ihre Übersetzung auf die Linien.

Inhalt

1. Guten Tag!
 ....
2. Guten Abend!
 ....
3. Hallo!
 ....
4. (Herzlich) willkommen!
 ....
5. Wie geht es dir?
 ....
6. Gut, danke. Und dir?
 ....
7. Mir geht es auch sehr gut.
 ....
8. Auf Wiedersehen!
 ....
9. Wir sehen uns! / Bis bald!
 ....
10. Bis später!
 ....
11. Einen schönen Tag/Abend!
 ....
12. Gute Nacht!
 ....
13. Träume süß!
 ....
14. Entschuldige. / Entschuldigen Sie.
 ....
15. Es tut mir leid.
 ....
16. Gestatten Sie?
 ....
17. Bitte.
 ....
18. Hallo?
 ....

1. Buongiorno!
2. Buona sera!
3. Ciao!
4. Benvenuti!
5. Come stai?
6. Bene, grazie. E tu?
7. Anch'io sto benissimo.
8. Arrivederci!
9. Ci vediamo!
10. A dopo!
11. Buona giornata/serata!
12. Buonanotte!
13. Sogni d'oro!
14. Scusa. / Scusi.
15. Mi dispiace.
16. Permesso!
17. Prego.
18. Pronto?

In dieser unità werden nützliche Ausdrücke und Wendungen für den Alltag vorgestellt.

Neben **Buongiorno!** *Guten Tag!* und dem freundschaftlich-familiären **Ciao!** *Hallo!* gibt es noch eine lässige Form der Begrüßung, die aber etwas förmlicher ist als **Ciao!**: **Salve!** Das kann man auch zu einer Person sagen, mit der man nicht per du ist, z. B. **Salve, professore!** **Buon giorno** kann man auch auseinanderschreiben, dann ist die Struktur dieses Grußes gut zu erkennen: **buon** *gut* + **giorno** *Tag*.

Wenn man sich für etwas besonders bedanken möchte, sagt man **Grazie mille**! *Tausend Dank!*

Sehr häufig hört man auch die Antwort: **sto abbastanza bene** *es geht mir ganz gut* oder **così così** *solala*. Wenn es einem richtig mies geht, sagt man **sto male** *es geht mir schlecht*.

Man kann auch sagen: **A presto!**, das heißt *Bis bald!*

Scusa sagt man zu einer Person, mit der man per du ist, und **scusi** zu einer Person, mit der man per Sie ist.

Prego sagt man, wenn man jemandem etwas gibt oder einen Platz anbietet. Wenn man um etwas bittet, sagt man: **per favore** *bitte*.

19. Wie heißt du? ....

20. Ich heiße Luca. ....

21. Angenehm! ....

22. Guten Appetit! ....

23. Prosit! ....

24. Gleichfalls. ....

25. Hilfe! ....

26. Achtung! ....

27. Wie sagt man ... auf Italienisch? ....

28. Was bedeutet ...? ....

29. Ja. / Nein. ....

30. Sicher(lich). ....

31. Gut. ....

32. Einverstanden. ....

33. Vielleicht. ....

34. Ich weiß (es) nicht. ....

35. Ich verstehe (nicht). ....

36. Mach dir keine Sorgen. ....

19. Come ti chiami?

20. Mi chiamo Luca.

21. Piacere!

22. Buon appetito!

23. Cin cin!

24. Altrettanto.

25. Aiuto!

26. Attenzione!

27. Come si dice ... in italiano?

28. Che cosa significa...?

29. Sì. / No.

30. Certo.

31. Bene.

32. D'accordo.

33. Forse.

34. Non lo so.

35. (Non) capisco.

36. Non ti preoccupare.

Dieses Wort bedeutet wörtlich übersetzt *Vergnügen*. In einer formellen Situation antwortet man: **Molto lieto!**, wörtl. *Sehr zufrieden!, Sehr erfreut!*

Cin cin (richtig ist auch die Schreibweise **cincìn**) sagt man, wenn man einen Toast ausbringt. Wenn jemand niest, sagt man: **Salute!** *Gesundheit!*

Zur Erinnerung:
Dieses **sì** schreibt man mit Akzent.
Si ohne Akzent hat eine andere Bedeutung – es ist das Reflexivpronomen *sich*.

Man kann auch **va bene** *in Ordnung* sagen, wörtl. *es geht gut*.

Auf Italienisch sagt man wörtlich: *Ich weiß es nicht*. Der Gebrauch des Pronomens **lo** ist hier obligatorisch. Mehr über den Gebrauch von Objektpronomen in unità 27.
Nein als Antwort auf eine Frage heißt **no**, das Adverb *nicht* lautet **non** und steht im Italienischen vor dem Verb.

Parole nuove

....

....

....

....

....

....

....

1. Ich bin Luca. ....
2. Bist du Italiener? ....
3. Er ist aus Rom. ....
4. Sie ist Italienerin. ....
5. Wir sind hier! ....
6. Wo seid ihr? ....
7. Woher kommen Luca und Stefano? ....
8. Luca ist groß und schön. ....
9. Ich bin schön und intelligent. ....
10. Ich auch! ....
11. Sind Sie Arzt? ....
12. Nein, ich bin keine Italienerin, ich bin Deutsche. ....
13. Bist du schon müde? ....
14. Wir sind Freunde. ....
15. Endlich sind wir in Italien! ....
16. Ich bin in Urlaub in Florenz. ....
17. Es ist früh. ....
18. Es ist schon spät. ....

1. Sono Luca.
2. Sei italiano?
3. Lui è di Roma.
4. Lei è italiana.
5. Siamo qui!
6. Dove siete?
7. Di dove sono Luca e Stefano?
8. Luca è alto e bello.
9. Sono bella e intelligente.
10. Anch'io!
11. Lei è medico?
12. No, non sono italiana, sono tedesca.
13. Sei già stanco/a?
14. Siamo amici.
15. Finalmente siamo in Italia!
16. Sono in vacanza a Firenze.
17. È presto.
18. È già tardi.

Das Verb **essere** *sein* wird wie folgt konjugiert:

io sono	*ich bin*
tu sei	*du bist*
lui/lei è	*er/sie ist*
Lei è	*Sie sind*

Lei ist die Höflichkeitsform *Sie*. Heute wird sie immer seltener großgeschrieben. Die Verwendung von **Lei** mit Großbuchstaben beschränkt sich auf formelle Korrespondenz und auf Dokumente.

noi siamo	*wir sind*
voi siete	*ihr seid*
loro sono	*sie sind*
Loro sono	*Sie sind*

Loro ist eine sehr formelle Form, die in der Regel durch **voi** ersetzt wird.

Adjektive, die auf **-o** enden, sind männlich:
Marco è alto. *Marco ist groß.*
Adjektive, die auf **-a** enden, sind weiblich:
Anna è bellissima. *Anna ist wunderschön.*
Adjektive mit der Endung **-e** haben für beide Geschlechter nur diese eine Form:
Marco è intelligente. *Marco ist intelligent.*
Lisa è intelligente. *Lisa ist intelligent.*
Im Italienischen gibt es kein neutrales Geschlecht.

Anders als im Deutschen wird das Subjektpronomen im Italienischen nur verwendet, wenn man es betonen will. Den Satz **Io sono bella e intelligente** würde man zwar genauso übersetzen mit: *Ich bin schön und intelligent*, allerdings mit der Bedeutung: ICH und keine andere.

Nationalitätsbezeichnungen, zu denen sowohl Substantive als auch Adjektive zählen, schreibt man im Italienischen klein:
italiano *Italiener/italienisch*
tedesco *Deutscher/deutsch*
greco *Grieche/griechisch*

In Verbindung mit Namen von Ländern und Regionen verwendet man die Präposition **in** (**in Italia** *in Italien*, **in Toscana** *in der Toskana*), mit Städtenamen hingegen die Präposition **a** (**a Firenze** *in Florenz*).

19. Ist es leicht oder (ist es) schwierig? ....

20. Es ist sehr leicht! ....

21. Ist es richtig oder (ist es) falsch? ....

22. Ist es sehr weit? ....

23. Nein, es ist ziemlich nah. ....

24. Rom ist groß. ....

25. Seid ihr hier in Urlaub? ....

26. Wir sind auch in Urlaub. ....

27. Wir haben uns verspätet. ....

28. Wer ist da? ....

29. Ich bin's, Luca. ....

30. Ich bin fremd, ich bin nicht von hier. ....

31. Bist du sehr beschäftigt? ....

32. Ist es besetzt? ....

33. Nein. Bitte, es ist frei. ....

34. Ist sie aus Berlin? ....

35. Ja, sie ist Deutsche, aber aus Hamburg. ....

36. Sein oder nicht sein, das ist hier die Frage. ....

19. È facile o (è) difficile?

20. È molto facile!

21. È vero o (è) falso?

22. È molto lontano?

23. No, è abbastanza vicino.

24. Roma è grande.

25. Siete qui in vacanza?

26. Anche noi siamo in vacanza.

27. Siamo in ritardo.

28. Chi è?

29. Sono io, Luca.

30. Sono straniero/a, non sono di qui.

31. Sei molto occupato/a?

32. È occupato?

33. No. Prego, è libero.

34. Lei è di Berlino?

35. Sì, è tedesca, ma di Amburgo.

36. Essere o non essere, questo è il dilemma.

Das Demonstrativpronomen **esso** *das, es* mit Subjektfunktion wird in der Regel weggelassen. Es steht nur in formellen Texten. In der Umgangssprache wird stattdessen das Wort **questo**, wörtl. *dies(es)* gebraucht, um zu unterstreichen, worauf sich die Frage bezieht: **Questo è facile o (è) difficile?**

Fragen ohne Fragewort erkennt man nur an der Intonation und nicht an ihrem Satzbau, der sich von Aussagesätzen nicht unterscheidet. Vgl. auch die Sätze 19 und 20. Mehr zur Fragebildung in unità 7.

Auch heißt auf Italienisch **anche**. Vor einem Personalpronomen, das mit **e** oder **i** beginnt, wird es zu **anch'** gekürzt: **anch'io** *ich auch*, siehe auch Satz 10.

So sagt man auch, wenn man sich am Telefon vorstellt: **Sono Luca.** – *Ich bin's, Luca.*

Parole nuove

....

....

....

....

....

....

....

1. Der Kater ist schwarz und die Katze weiß.
   ....
2. Die Pizza Margherita ist sehr gut.
   ....
3. Die junge Frau ist aus Venedig.
   ....
4. Das Mädchen ist klein.
   ....
5. Die Pasta ist kalt und die Suppe zu heiß.
   ....
6. Das Wasser ist zu kalt.
   ....
7. Das Hotel ist sehr teuer.
   ....
8. Die Uhr ist kaputt.
   ....
9. Das Öl und der Knoblauch sind auf dem Tisch.
   ....
10. Der junge Mann ist Italiener.
    ....
11. Das Kind ist klein.
    ....
12. Das Buch ist interessant.
    ....
13. Der Onkel und die Tante sind im Urlaub in Italien.
    ....
14. Bitte, hier sind der Rucksack und die Tasche.
    ....
15. Die Damen sind schon hier!
    ....
16. Sind die Fenster geschlossen oder offen?
    ....
17. Die Stühle sind schön, aber die Tische sind hässlich.
    ....
18. Heute sind die Museen geschlossen.
    ....

1. Il gatto è nero e la gatta bianca.
2. La (pizza) margherita è molto buona.
3. La ragazza è di Venezia.
4. La bambina è piccola.
5. La pasta è fredda e la zuppa troppo calda.
6. L'acqua è troppo fredda.
7. L'albergo è molto caro.
8. L'orologio è rotto.
9. L'olio e l'aglio sono sul tavolo.
10. Il ragazzo è italiano.
11. Il bambino è piccolo.
12. Il libro è interessante.
13. Lo zio e la zia sono in vacanza in Italia.
14. Prego, ecco lo zaino e la borsa.
15. Le signore sono già qui!
16. Le finestre sono chiuse o aperte?
17. Le sedie sono belle, ma i tavoli sono brutti.
18. Oggi i musei sono chiusi.

Italienische Substantive sind entweder männlich oder weiblich. Ein Neutrum gibt es nicht. Substantive werden begleitet:

- von einem bestimmten Artikel, wenn die Rede von etwas Bekanntem, Konkretem ist (vgl. deutsch *der/die*)
- von einem unbestimmten Artikel, wenn etwas das erste Mal erwähnt wird (vgl. deutsch *ein/eine*).

In dieser unità wird der bestimmte Artikel vorgestellt.

Vor weiblichen Substantiven, die mit einem Konsonanten beginnen, steht der Artikel **la**: **la pizza** *die Pizza*, **la signora** *die Frau*.

Vor allen Substantiven, sowohl männlichen als auch weiblichen, die mit einem Vokal beginnen, steht der Artikel **l'**: **l'arancia** (w.) *die Orange*, **l'ombra** (w.) *der Schatten*; **l'uomo** (m.) *der Mann*, **l'armadio** (m.) *der Schrank*.

Männliche Substantive, deren erster Buchstabe ein Konsonant ist, haben in der Regel den Artikel **il**: **il ragazzo** *der Junge*, **il vino** *der Wein*, **il bacio** *der Kuss*.

Der Artikel **lo** geht männlichen Substantiven mit folgenden Anfangsbuchstaben voraus:

z – **lo zaino** *der Rucksack*
s + Konsonant – **lo sbaglio** *der Fehler*
ps – **lo psicologo** *der Psychologe*
gn – **lo gnomo** *der Gnom*
x – **lo xilofono** *das Xylophon*
y – **lo yogurt** *der Joghurt*

Ecco heißt *da/hier ist/sind*. Man sagt es, wenn man jemanden vorstellt oder jemandem etwas gibt.

Im Plural haben alle weiblichen Substantive den Artikel **le**: **la pizza – le pizze**, **l'acqua – le acque**. Die weibliche Endung **-a** ändert sich also im Plural zu **-e**.

Männliche Substantive auf **-o** nehmen im Plural die Endung **-i** an. Der Artikel **il** ändert sich zu **i**: **il tavolo – i tavoli**.

19. Die Spaghetti sind sehr gut! ....

20. Die Italiener sind sympathisch. ....

21. Auch die Deutschen sind sehr sympathisch! ....

22. Die Jungen sind schon fertig, aber die Mädchen noch nicht. ....

23. Die Fahrkarten sind nicht sehr teuer. ....

24. Die Schlüssel sind hier. ....

25. Die Rossis haben sich wieder verspätet. ....

26. Bitte, hier sind die Bücher und die Hefte. ....

27. Den Kaffee mit Zucker oder ohne? ....

28. Luca ist Arzt, Stefano dagegen ist Sänger. ....

29. Bist du Lehrer(in)? ....

30. Nun seid ihr Mann und Frau. ....

31. Hallo Mama! Ich bin's, Luca! ....

32. Liebling, bist du schon zu Hause? ....

33. Schatz, wo bist du? ....

34. Wo ist das Badezimmer? ....

35. Das Badezimmer ist links/rechts. ....

36. Es reicht! Die Schüler sind schon müde. ....

19. Gli spaghetti sono buonissimi!

20. Gli italiani sono simpatici.

21. Anche i tedeschi sono molto simpatici!

22. I ragazzi sono già pronti, ma le ragazze ancora no.

23. I biglietti non sono molto cari.

24. Le chiavi sono qui.

25. I signori Rossi sono di nuovo in ritardo.

26. Prego, ecco i libri e i quaderni.

27. Il caffè con lo zucchero o senza?

28. Luca è medico, invece Stefano è cantante.

29. Sei insegnante?

30. Siete ora marito e moglie.

31. Ciao, mamma! Sono io, Luca!

32. Amore, sei già a casa?

33. Tesoro, dove sei?

34. Dove è il bagno?

35. Il bagno è a sinistra/a destra.

36. Basta! Gli studenti sono già stanchi.

Die Pluralform der männlichen Artikel **l'** und **lo** ist **gli**: **l'albergo** *das Hotel* – **gli alberghi** *die Hotels* und **lo zaino** *der Rucksack* – **gli zaini** *die Rucksäcke*.
Im Italienischen stehen Namen von Nudelgerichten im Plural: **gli spaghetti, i tortellini, le lasagne, le tagliatelle**.

Die Konjunktion **anche** *auch* steht in der Regel vor dem Substantiv, Pronomen oder Adjektiv, auf das es sich bezieht.

Substantive und Adjektive auf **-e** können sowohl männlich als auch weiblich sein: **la chiave** (w.) *der Schlüssel*, **il signore** (m.) *der Herr*. Die einen wie die anderen nehmen im Plural die Endung **-i** an: **le chiavi** *die Schlüssel* und **i signori** *die Herren/Herrschaften*.

Der Artikel wird weggelassen, wenn man in Verbindung mit dem Verb **essere** seinen Beruf angibt.

Einige Berufsbezeichnungen haben dieselbe Form für beide Geschlechter: **l'insegnante** ist sowohl *der Lehrer* als auch *die Lehrerin*. Ebenso **cantante**: **il cantante** *der Sänger* und **la cantante** *die Sängerin*.
Mehr über Substantive in unità 21.

Parole nuove

1. Ich spreche Italienisch! ....

2. Luca, du sprichst zu viel! ....

3. Wo arbeitest du? ....

4. Ich arbeite in der Bank, und Luca arbeitet im Krankenhaus. ....

5. Wo wohnt ihr? ....

6. Wir wohnen in Florenz, in der Via de' Medici. ....

7. Oma Sofia kocht sehr gut. ....

8. Wir essen Tiramisù und hören italienische Musik. ....

9. Luca hilft (seiner) Mama gerne. ....

10. Am Wochenende sehen wir bis spät fern. ....

11. Gehen wir rein? ....

12. Der Weihnachtsmann bringt die Geschenke. ....

13. Amerikaner reisen viel. ....

14. Anna und Lucia rauchen zu viel. ....

15. Wir kommen heute Abend wieder. ....

16. Nach dem Mittagessen essen wir Eis. ....

17. Ich esse gerne Schokolade! ....

18. Heute arbeiten wir nicht, heute ruhen wir nur aus! ....

1. Parlo italiano!
2. Luca, parli troppo!
3. Dove lavori?
4. Io lavoro in banca e Luca lavora in ospedale.
5. Dove abitate?
6. Abitiamo a Firenze, in Via de' Medici.
7. Nonna Sofia cucina molto bene.
8. Mangiamo il tiramisù e ascoltiamo musica italiana.
9. Luca aiuta volentieri la mamma.
10. Il fine settimana guardiamo la tv fino a tardi.
11. Entriamo?
12. Babbo Natale porta i regali.
13. Gli americani viaggiano tanto.
14. Anna e Lucia fumano troppo.
15. Torniamo stasera.
16. Dopo pranzo mangiamo il gelato.
17. Amo mangiare il cioccolato!
18. Oggi non lavoriamo, oggi riposiamo soltanto!

Italienische Verben lassen sich nach ihrer Endung im Infinitiv in drei verschiedene Konjugationsgruppen aufteilen. Zur ersten gehören die Verben auf **-are.**
parl-are *sprechen, sich unterhalten*

io parl-o	*ich spreche*
tu parl-i	*du sprichst*
lui/lei/Lei parl-a	*er/sie spricht/Sie sprechen*
noi parl-iamo	*wir sprechen*
voi parl-ate	*ihr sprecht*
loro parl-ano	*sie sprechen*

Die gebräuchlichsten regelmäßigen Verben, die auf **-are** enden, sind:

abitare	*wohnen*
aiutare	*helfen*
amare	*lieben*
arrivare	*ankommen*
ascoltare	*(zu)hören*
comprare	*kaufen*
costare	*kosten*
cucinare	*kochen*
entrare	*hineingehen*
fumare	*rauchen*
giocare	*spielen*
guardare	*ansehen*
lavare	*waschen*
lavorare	*arbeiten*
mangiare	*essen*
pagare	*bezahlen*
parlare	*sprechen*
portare	*tragen*
riposare	*ausruhen*
studiare	*lernen*
tornare	*zurückkommen*
viaggiare	*reisen*

Bei den Formen der 3. Pers. Pl. fällt die Betonung auf die drittletzte Silbe: **lavorano**, **parlano**, **viaggiano**.

Die Sätze 15 und 16 kann man auch wie folgt übersetzen: *Wir werden heute Abend zurückkommen* und *Nach dem Mittagessen werden wir Eis essen.* Über Pläne für die nahe Zukunft spricht man im Italienischen wie auch im Deutschen aber oft im Präsens.

19. Nach der Arbeit spielen Luca und Stefano Fußball.

....

20. Das Mädchen spielt mit der Puppe.

....

21. Opa Lorenzo spielt sehr gut Klavier.

....

22. Wer bezahlt?

....

23. Heute bezahlen wir die Rechnung.

....

24. Zahlt ihr mit Karte oder bar?

....

25. Ich liebe dich!

....

26. Frau Verdi unterrichtet Italienisch.

....

27. Ich lerne Italienisch.

....

28. Lernst du auch Italienisch?

....

29. Du lernst schnell!

....

30. Die Bianchis essen heute Spaghetti zu Mittag.

....

31. In Italien kostet Pasta nicht viel.

....

32. Tante, wer spült das Geschirr? Du oder Onkel Stefano?

....

33. Onkel Stefano ist faul, er spült nicht.

....

34. Fangen wir jetzt sofort an!

....

35. Wer fängt an?

....

36. Ich fange an, dann spricht Luca.

....

19. Dopo il lavoro, Luca e Stefano giocano a calcio.

20. La bambina gioca con la bambola.

21. Nonno Lorenzo suona molto bene il pianoforte.

22. Chi paga?

23. Oggi noi paghiamo il conto.

24. Pagate con la carta o in contanti?

25. Ti amo!

26. La signora Verdi insegna la lingua italiana.

27. Studio l'italiano.

28. Anche tu studi l'italiano?

29. Impari velocemente!

30. Oggi i signori Bianchi mangiano gli spaghetti per pranzo.

31. In Italia la pasta non costa tanto.

32. Zia, chi lava i piatti? Tu o zio Stefano?

33. Zio Stefano è pigro, non lava i piatti.

34. Cominciamo ora, subito!

35. Chi comincia?

36. Comincio io, dopo parla Luca.

Das Verb **giocare** verwendet man in Verbindung mit Spielen:

giocare a tennis	*Tennis spielen*
giocare a scacchi	*Schach spielen*
giocare a Tetris	*Tetris spielen*

In Bezug auf Musikinstrumente verwendet man **suonare**:

suonare la chitarra	*Gitarre spielen*
suonare la batteria	*Schlagzeug spielen*
suonare il violino	*Geige spielen*

Wenn bei der Konjugation von Verben vor der Endung **-are** ein **g** oder **c** steht, wird in den Formen der 2. Pers. Sg. und 1. Pers. Pl. ein **h** eingefügt, damit die Laute [**g**] und [**k**] erhalten bleiben:

io pago *ich zahle*, aber:

tu paghi *du zahlst*

(zu lesen als [**pagi**] und nicht als [**padʒi**], wie es ohne **h** wäre)

noi paghiamo *wir zahlen*.

So ist es auch bei der Konjugation des Verbs **giocare**:

io gioco *ich spiele*, aber:

tu giochi *du spielst*

noi giochiamo *wir spielen*.

Anders als im Deutschen steht im Italienischen das Pronomen in der Regel vor dem Verb, wie in Satz 25: **Ti amo.** Mehr über Pronomen in den unità 27 und 28.

Im Italienischen gibt es drei Verben, die sich auf das Lernen beziehen. *Etwas lernen* heißt **imparare qualcosa**, *etwas lehren/unterrichten* **insegnare qualcosa**. Wenn vom Lernprozess als solchem die Rede ist, verwendet man das Verb **studiare**.

1. Ich lese und schreibe auf Italienisch. ....
2. Wir schreiben, lesen und hören viel, um Italienisch zu lernen. ....
3. Ich schließe die Tür. ....
4. Luca schließt das Fenster. ....
5. Wohin rennst du so schnell? ....
6. Warum antwortet ihr nicht? ....
7. Ich bitte um Entschuldigung, ich bin zu spät. ....
8. Kennst du Luca? ....
9. Nein, leider kenne ich Luca nicht. ....
10. Kennt ihr die italienischen Lieder? ....
11. Ja! Wir kennen die Lieder von Eros Ramazzotti und Gianna Nannini. ....
12. Herr Rossi kann kein Deutsch. ....
13. Verkauft ihr das Auto? ....
14. Ja, wir verkaufen das Auto, weil es alt und kaputt ist. ....
15. Warum lachst du? ....
16. Wir leben in der Stadt. ....
17. Wir hingegen leben auf dem Land. ....
18. Er/Sie lebt mit dem Vater im Ausland. ....

1. Leggo e scrivo in italiano.
2. Scriviamo, leggiamo e ascoltiamo tanto per imparare l'italiano.
3. Chiudo la porta.
4. Luca chiude la finestra.
5. Dove corri così velocemente?
6. Perché non rispondete?
7. Chiedo scusa, sono in ritardo.
8. Conosci Luca?
9. No, purtroppo non conosco Luca.
10. Conoscete le canzoni italiane?
11. Sì! Conosciamo le canzoni di Eros Ramazzotti e Gianna Nannini.
12. Il signor Rossi non conosce il tedesco.
13. Vendete la macchina?
14. Sì, vendiamo la macchina perché è vecchia e rotta.
15. Perché ridi?
16. Viviamo in città.
17. Noi invece viviamo in campagna.
18. Vive con il padre all'estero.

Die regelmäßigen Verben der zweiten Konjugationsgruppe auf **-ere** werden wie folgt konjugiert:

scriv-ere *schreiben*

io scriv-o	*ich schreibe*
tu scriv-i	*du schreibst*
lui/lei/Lei scriv-e	*er/sie schreibt/Sie schreiben*
noi scriv-iamo	*wir schreiben*
voi scriv-ete	*ihr schreibt*
loro scriv-ono	*sie schreiben*

Die gebräuchlichsten regelmäßigen Verben, die auf **-ere** enden, sind:

accendere	*anzünden, -schalten*
chiedere	*fragen, bitten*
chiudere	*schließen*
conoscere	*kennen*
correggere	*korrigieren*
correre	*laufen, rennen*
leggere	*lesen*
perdere	*verlieren*
ridere	*lachen*
rispondere	*antworten*
scendere	*hinuntergehen*
scrivere	*schreiben*
vedere	*sehen*
vendere	*verkaufen*
vincere	*gewinnen*
vivere	*leben*

Das Substantiv **signore** *Herr* steht vor Vor- und Nachnamen in der gekürzten Form **signor**. Genauso verhält es sich bei den Substantiven **dottore** *Doktor* (**dottor Marco Bruni**) und **professore** *Professor* (**professor Verdi**).

Macchina *Auto* ist im Italienischen ein weibliches Substantiv.

19. Nehmen wir den Bus oder das Taxi? ....

20. Ich nehme das Flugzeug, Züge sind zu langsam. ....

21. Nehmen wir das Auto? ....

22. Luca nimmt Medikamente, weil er krank ist. ....

23. Ich nehme Urlaub, ich bin müde. ....

24. Trinkst du einen Kaffee? ....

25. Ich gewinne immer, und sie verlieren immer. ....

26. Du verlierst zu viel Zeit. ....

27. Ich verliere die Geduld. ....

28. Wen sehe ich! Das ist Luca! ....

29. [Im Theater]: Siehst du gut? ....

30. Siehst du, das Leben ist nicht leicht. ....

31. Entschuldigen Sie, steigen Sie jetzt aus? ....

32. Entschuldige, steigst du jetzt aus? ....

33. Die Gäste gehen die Treppe hinunter. ....

34. Wir verbessern die Fehler. ....

35. Ich mache das Licht an. ....

36. Schaltet ihr den Computer ein? ....

19. Prendiamo l'autobus o il taxi?
20. Prendo l'aereo, i treni sono troppo lenti.
21. Prendiamo la macchina?
22. Luca prende le medicine perché è malato.
23. Prendo le ferie, sono stanco/a.
24. Prendi un caffè?
25. Io vinco sempre e loro perdono sempre.
26. Perdi troppo tempo.
27. Perdo la pazienza.
28. Chi vedo! È Luca!
29. [A teatro]: Vedi bene?
30. Vedi, la vita non è facile.
31. Scusi, scende ora?
32. Scusa, scendi ora?
33. Gli ospiti scendono le scale.
34. Correggiamo gli errori.
35. Accendo la luce.
36. Accendete il computer?

Wenn es um die Nutzung von Verkehrsmitteln geht, wird im Italienischen das Verb **prendere** verwendet. Damit kommt zum Ausdruck, dass man einen Bus (**l'autobus**), ein Taxi (**il taxi**), eine Straßenbahn (**il tram**), einen Zug (**il treno**) oder ein Flugzeug (**l'aereo**) *nimmt*.

Wenn man in Italien einen Kaffee (**un caffè**) bestellt, bekommt man eine kleine Tasse starken **espresso**. **Cappuccino**, **caffè latte** oder **latte macchiato**, wörtl. *gefleckte Milch*, trinkt man in Italien nur morgens.
Prendere sagt man eher, wenn man auswärts etwas zu sich nimmt und aus einem bestimmt Angebot etwas auswählt. Ansonsten heißt *trinken* **bere**. Die Konjugation von **bere**, die unregelmäßig ist, finden Sie in unità 15.

Das Verb **perdere** kann neben der Bedeutung eines materiellen Verlusts, z. B. **perdere le chiavi** *die Schlüssel verlieren*, auch in übertragener Bedeutung verwendet werden: **perdere la pazienza** *die Geduld verlieren*; **perdere la faccia** *das Gesicht verlieren*.

Zur Erinnerung: Zu einer Person, mit der man per du ist, sagt man **scusa**, aber zu einer Person, die man siezt, **scusi**.

Wie im Deutschen sagt man auf Italienisch *die Treppen hinuntergehen*: **scendere le scale**. Wie bereits erwähnt, fällt die Betonung in der 3. Pers. Pl. auf die drittletzte Silbe, also hier: **scendono**.

Parole nuove

....

....

....

....

....

....

....

1. Mama, schläfst du?
 ....
2. Ja, ich schlafe, weil ich müde bin.
 ....
3. Es ist Sonntag, also schlafen wir bis spät.
 ....
4. Warum öffnet ihr die Fenster?
 ....
5. Das Kind öffnet den Mund.
 ....
6. Ich öffne die Datei und lese den Text.
 ....
7. Brauchst du das Wörterbuch?
 ....
8. Wohin flüchtet ihr?
 ....
9. Du verlierst Zeit, und das Leben verfliegt (im Nu).
 ....
10. Wann reist ihr nach Rom ab?
 ....
11. Wir reisen morgen ab!
 ....
12. Ich reise nach Italien.
 ....
13. Luca und Stefano reisen in die Toskana.
 ....
14. Wann reist du ans Meer?
 ....
15. Hörst du die Musik?
 ....
16. Ich höre nicht gut, weil sie leise sprechen.
 ....
17. Fühlst du, wie weich es ist?
 ....
18. Heute spendiere ich das Abendessen, aber morgen zahlt ihr.
 ....

1. Mamma, dormi?
2. Sì, dormo perché sono stanca.
3. È domenica, allora dormiamo fino a tardi.
4. Perché aprite le finestre?
5. Il bambino apre la bocca.
6. Apro il file e leggo il testo.
7. Ti serve il dizionario/vocabolario?
8. Dove fuggite?
9. Tu perdi tempo e la vita fugge.
10. Quando partite per Roma?
11. Partiamo domani!
12. Parto per l'Italia.
13. Luca e Stefano partono per la Toscana.
14. Quando parti per il mare?
15. Senti la musica?
16. Non sento bene perché parlano a bassa voce.
17. Senti com'è morbido?
18. Oggi offro io la cena, ma domani pagate voi.

Die regelmäßigen Verben der dritten Konjugationsgruppe auf **-ire** werden wie folgt konjugiert:

dorm-ire *schlafen*

io dorm-o	*ich schlafe*
tu dorm-i	*du schläfst*
lui/lei/Lei dorm-e	*er/sie schläft/Sie schlafen*
noi dorm-iamo	*wir schlafen*
voi dorm-ite	*ihr schlaft*
loro dorm-ono	*sie schlafen*

Die gebräuchlichsten Verben, die wie **dormire** konjugiert werden, sind:

aprire	*öffnen*
fuggire	*fliehen*
offrire	*anbieten, spendieren*
partire	*abfahren, wegfahren*
sentire	*hören; fühlen*
servire	*dienen, nützen*

Das Verb **partire** wird zusammen mit der Präposition **per** verwendet, um das Ziel der Reise zu nennen. Wenn es darum geht, in eine Stadt zu fahren, ohne Artikel: **Parto per Roma/per Monaco/per Parigi.** *Ich fahre nach Rom/nach München/nach Paris.* Wenn die Fahrt in eine Region oder ein Land geht, ist der Artikel obligatorisch: **Parto per l'Italia/per la Germania/per la Toscana.** *Ich fahre nach Italien/nach Deutschland/in die Toskana.* **Parto per il mare.** *Ich fahre ans Meer.*

Das Wort **perché** kann eine Frage einleiten, dann heißt es *warum*? Es kann aber auch als Konjunktion fungieren, dann hat es die Bedeutung *weil, da*. Vergleichen Sie die Sätze 2, 4 und 16.

Das Verb **sentire** bedeutet sowohl *hören* als auch *fühlen*.

Wenn das Personalpronomen hinter dem Verb steht, wird seine Bedeutung verstärkt. Es wird betont, dass es um diese Person geht, z. B. **Offro io.** *Das bezahle ICH.* (und kein anderer).

19. Heute bin ich bald mit der Arbeit fertig. ....

20. Morgen hören wir spät mit dem Unterricht auf. ....

21. Abends esse ich lieber keine Schokolade. ....

22. Welche Pasta (sollen wir) nehmen? Magst du lieber Fusilli oder Tagliatelle? ....

23. Ich schmecke die Soße mit Basilikum ab. ....

24. Bist du verrückt?! Du reinigst den Computer mit Wasser? ....

25. Wie putzt ihr die Brille? ....

26. Ich putze die Schuhe. ....

27. Versteht ihr? ....

28. Wir verstehen alles! ....

29. Sie [Plural] verstehen nichts. ....

30. Ich verschicke die E-Mail mit den Daten. ....

31. Luca schickt Stefano die Bücher. ....

32. Ich gebe die Bücher in der Bibliothek zurück. ....

33. Wir stellen die Tische zusammen, weil wir (so) zahlreich sind. ....

34. Der Film endet spät. ....

35. Heute beginnt und endet der Unterricht spät. ....

36. Es reicht! Wir hören auf. ....

19. Oggi finisco presto il lavoro.

20. Domani finiamo tardi le lezioni.

21. La sera preferisco non mangiare il cioccolato.

22. Quale pasta prendere? Preferisci i fusilli o le tagliatelle?

23. Condisco il sugo con il basilico.

24. Sei pazzo?! Pulisci il computer con l'acqua?

25. Come pulite gli occhiali?

26. Pulisco le scarpe.

27. Capite?

28. Capiamo tutto!

29. Loro non capiscono nulla/niente.

30. Spedisco l'e-mail con i dati.

31. Luca spedisce i libri a Stefano.

32. Restituisco i libri in biblioteca.

33. Uniamo i tavoli perché siamo numerosi.

34. Il film finisce tardi.

35. Oggi le lezioni cominciano e finiscono tardi.

36. Basta! Finiamo.

Bei der Konjugation von Verben auf **-ire** weisen einige von ihnen die Stammerweiterung **-isc-** auf:

fin-ire *beenden*

io fin-isc-o	*ich beende*
tu fin-isc-i	*du beendest*
lui/lei/Lei fin-isc-e	*er/sie beendet/Sie beenden*
noi fin-iamo	*wir beenden*
voi fin-ite	*ihr beendet*
loro fin-isc-ono	*sie beenden*

In den Formen der 1. und 2. Pers. Pl. gibt es keine Stammerweiterung.

Die Aussprache der Verbindung **sc** ist verschieden: hart [**sk**] (**finisco, finiscono**) oder als Zischlaut [ʃ], wenn nach dem **c** ein **i** oder **e** stehen (**finisci, finisce**).

Die gebräuchlichsten Verben, die wie **finire** konjugiert werden, sind:

capire	*verstehen*
condire	*würzen*
preferire	*bevorzugen*
pulire	*putzen*
restituire	*zurückgeben*
unire	*verbinden, vereinen*

Niente und **nulla** sind Synonyme, die in der Mehrzahl der Kontexte austauschbar sind.

Synonyme des Verbs **spedire** sind **inviare** und **mandare**, die zu der 1. Konjugationsgruppe gehören und regelmäßig konjugiert werden.

Das Verb **finire** *beenden* kann auch intransitiv verwendet werden, dann bedeutet es *beendet werden, enden*.

Io finisco la lezione. *Ich beende den Unterricht*, aber auch: **La lezione finisce**. *Der Unterricht wird beendet./Der Unterricht endet.*

Das ist auch bei dem Verb **cominciare** der Fall: **Comincio il lavoro**. *Ich beginne die Arbeit.* und **Il lavoro comincia**. *Die Arbeit beginnt.*

1. Bist du müde? ....
2. Ja, sehr. / Nein, überhaupt nicht. ....
3. Wer ist das? ....
4. Das ist Luca. ....
5. Was ist das? ....
6. Das ist ein Buch. ....
7. Wo bist du? ....
8. Ich bin hier. ....
9. Woher kommst du? ....
10. Ich komme aus Genua. ....
11. Wann reist ihr ab? ....
12. Wir reisen morgen ab. ....
13. Wie viel kostet das? ....
14. Wie viele Menschen wohnen in Rom? ....
15. Wie viele Kontinente gibt es? ....
16. Wie viel Wein kaufen wir? ....
17. Was für eine Frage! Viel! ....
18. Wie viel Pasta esst ihr? ....

1. Sei stanco/a?
2. Sì, molto. / No, per niente.
3. Chi è?
4. È Luca.
5. Che cos'è?
6. È un libro.
7. Dove sei?
8. Sono qui.
9. Di dove sei?
10. Sono di Genova.
11. Quando partite?
12. Partiamo domani.
13. Quanto costa?
14. Quante persone abitano a Roma?
15. Quanti sono i continenti?
16. Quanto vino compriamo?
17. Che domanda! Tanto!
18. Quanta pasta mangiate?

Im Italienischen haben Fragesätze ohne Fragewort und Aussagesätze die gleiche Satzstellung. Dass es eine Frage ist, erkennt man in der gesprochenen Sprache nur an der Betonung. Vgl.: **Sei stanco.** *Du bist müde.* und **Sei stanco?** *Bist du müde?*

Folgende Fragewörter werden häufig gebraucht:

Che (cosa)?	*Was?*	**Quanto?**	*Wie viel?*
		Quando?	*Wann?*
Chi?	*Wer?*	**Perché?**	*Warum?*
Dove?	*Wo?*	**Come?**	*Wie?*
Di dove?	*Woher?*	**Quale?**	*Welche(r, s)?*

Che cos'è? ist die Kurzform von **Che cosa è?** Treffen zwei Vokale aufeinander, verschmelzen sie gewöhnlich zu einem, wobei der erste wegfällt und in der Schreibung durch einen Apostroph ersetzt wird. So wird aus **Dove è?** *Wo ist ?* **Dov'è?** bzw. aus **Come è?** *Wie ist ?* **Com'è?**
Che cosa? kann man auch abkürzen und nur **Che?** oder nur **Cosa?** fragen.

Zur Angabe der Herkunft steht nach der Präposition **di** ein Städtename. Wenn man sagen möchte, dass man aus Deutschland kommt, sagt man **sono tedesco/tedesca** oder **vengo dalla Germania**, was man auch auf die Frage in Beispiel 9 antworten könnte.

Wenn **quanto** vor einem Substantiv steht, muss man es an Geschlecht und Zahl anpassen:

- m. Sg.: **Quanto tempo?** *Wie viel Zeit?*
- w. Sg.: **Quanta frutta?** *Wie viel Obst?*
- m. Pl.: **Quanti amici?** *Wie viele Freunde?*
- w. Pl.: **Quante amiche?** *Wie viele Freundinnen?*

19. Welchen Wein nehmen wir? Weißen oder roten?
....

20. Welche Mannschaft gewinnt?
....

21. Welche Zutaten verwenden?
....

22. Welche Sprachen kennst du?
....

23. Wie lautet deine Telefonnummer?
....

24. Welches ist deine Lieblingsfarbe?
....

25. In welcher Straße wohnst du?
....

26. Wem gehört dieses Buch?
....

27. Es ist Lucas Buch.
....

28. Warum weinst du?
....

29. Ich weine, weil ich traurig bin.
....

30. Wie geht es Luca?
....

31. Es geht ihm sehr gut, danke.
....

32. Wie geht's?
....

33. So lala.
....

34. Wie kommen wir nach Hause?
....

35. Wann und wo essen wir Pizza?
....

36. Hören wir schon auf?
....

19. Quale vino prendiamo? Bianco o rosso?

20. Quale squadra vince?

21. Quali ingredienti usare?

22. Quali lingue conosci?

23. Qual è il tuo numero di telefono?

24. Qual è il tuo colore preferito?

25. In quale via abiti?

26. Di chi è questo libro?

27. È il libro di Luca.

28. Perché piangi?

29. Piango perché sono triste.

30. Come sta Luca?

31. Sta benissimo, grazie.

32. Come va?

33. Così così.

34. Come torniamo a casa?

35. Quando e dove mangiamo la pizza?

36. Finiamo già?

Auch das Fragewort **quale** *welche(r), was für ein(e)* ist veränderlich. Im Gegensatz zu **quanto** gibt es aber nur eine Form für Substantive im Singular (**quale**) sowie nur eine Form im Plural (**quali**):
Quale lingua parli? *Welche Sprache sprichst du?*
Quali lingue parli? *Welche Sprachen sprichst du?*
In der Umgangssprache kann man **quale** durch **che** ersetzen: **Che vino prendiamo?** *Welchen Wein nehmen wir?*

Vor der Verbform **è** hat das Wort **quale** die Kurzform **qual**, die ohne Apostroph geschrieben wird.

Tuo ist ein Possessivpronomen – mehr zu diesem Thema in unità 20.

Di in Verbindung mit einem Gegenstand drückt Besitz aus: **il libro di Luca** *Lucas Buch*, oder die materielle Beschaffenheit: **una camicia di lino** *ein Leinenhemd*. Während im Deutschen zwei Substantive oft zu einem zusammengesetzt werden, verbindet man sie im Italienischen häufig mit der Präposition **di**: **il numero di telefono** *die Telefonnummer.*

Zur Erinnerung: **perché** hat zwei Bedeutungen: *warum* in Fragesätzen und *weil, da* in Aussagesätzen.

Parole nuove

....

....

....

....

....

....

....

1. Eins, zwei, drei! Fertig? Los! ....
2. Zwei Brüder. ....
3. Drei Schwestern. ....
4. Vier Fenster und fünf Türen. ....
5. Sechs Katzen. ....
6. Schneewittchen und die sieben Zwerge. ....
7. Acht Grad. ....
8. Neun Stockwerke. ....
9. Zehn Italiener und zehn Italienerinnen. ....
10. Elf Ärzte. ....
11. Es sind nur zwölf Monate. ....
12. Dreizehn Kilometer. ....
13. Vierzehn Sätze. ....
14. Drei mal fünf ist fünfzehn. ....
15. Sechzehn Mädchen. ....
16. Siebzehn Seiten. ....
17. Achtzehn Jahre. ....
18. Ich nehme die Neunzehn. ....

1. Uno, due, tre! Pronti? Via!
2. Due fratelli.
3. Tre sorelle.
4. Quattro finestre e cinque porte.
5. Sei gatti.
6. Biancaneve e i sette nani.
7. Otto gradi.
8. Nove piani.
9. Dieci italiani e dieci italiane.
10. Undici medici.
11. Sono solo dodici mesi.
12. Tredici chilometri.
13. Quattordici frasi.
14. Tre per cinque fa quindici.
15. Sedici ragazze.
16. Diciassette pagine.
17. Diciotto anni.
18. Prendo il diciannove.

1 - **uno**
2 - **due**
3 - **tre**
4 - **quattro**
5 - **cinque**
6 - **sei**
7 - **sette**
8 - **otto**
9 - **nove**
10 - **dieci**

Mit Ausnahme der Zahl *eins* haben Grundzahlwörter vor Substantiven immer dieselbe Form.
Die Ausnahme ist **uno**, das auch als unbestimmter Artikel fungiert (siehe unità 9). Vor männlichen Substantiven wird die Kurzform **un** gebraucht: **un giorno** *ein Tag*, **un anno** *ein Jahr*. Vor weiblichen Substantiven lauten die Formen **una** und vor einem Vokal **un'**: **una notte** *eine Nacht*, **un'italiana** *eine Italienerin*.

11 - **undici**
12 - **dodici**
13 - **tredici**
14 - **quattordici**
15 - **quindici**
16 - **sedici**
17 - **diciassette**
18 - **diciotto**
19 - **diciannove**
20 - **venti**

2 + 2 = 4 **Due più due fa quattro.**
6 - 1 = 5 **Sei meno uno fa cinque.**
12 : 4 = 3 **Dodici diviso quattro fa tre.**

Bei Seitenangaben werden wie im Deutschen die Grundzahlen benutzt, z. B. **pagina diciassette** *Seite siebzehn*.

19. Zwanzig Minuten.

....

20. Dreißig Sekunden.

....

21. Sechzig Cent.

....

22. Einundzwanzig Gramm.

....

23. Achtundachtzig Zentimeter.

....

24. Zweiundsechzig Kilo(gramm).

....

25. Dreiundzwanzig Punkte.

....

26. Hundert Prozent!

....

27. Zweihundert Euro.

....

28. Fünfhundertdreiundvierzig Personen.

....

29. Einhundertacht.

....

30. Tausend Fahrräder.

....

31. Eintausendsiebenhundertneun.

....

32. Tausendundeine Nacht.

....

33. Zweitausend.

....

34. Einhundertsiebzehn Frauen.

....

35. Eine Million Probleme.

....

36. Milliarden von Sternen.

....

19. Venti minuti.

20. Trenta secondi.

21. Sessanta centesimi.

22. Ventuno grammi.

23. Ottantotto centimetri.

24. Sessantadue chilogrammi/chili.

25. Ventitré punti.

26. Cento per cento!

27. Duecento euro.

28. Cinquecentoquarantatré persone.

29. Centootto.

30. Mille biciclette.

31. Millesettecentonove.

32. Mille e una notte.

33. Duemila.

34. Centodiciassette donne.

35. Un milione di problemi.

36. Miliardi di stelle.

Weitere Zehnerzahlen sind:

30 - **trenta**	70 - **settanta**
40 - **quaranta**	80 - **ottanta**
50 - **cinquanta**	90 - **novanta**
60 - **sessanta**	

Zusammengesetzte Zahlen schreibt man zusammen. Die Wörter werden gebildet, indem man mit der größeren Einheit, der Zehnerzahl, beginnt und mit der Einerzahl endet: **ventidue** (22), **cinquantacinque** (55), **sessantasei** (66). Zusammengesetzte Zahlen mit den Einern **uno** oder **otto** verlieren den Endvokal der Zehnerstelle: **ventuno** und nicht ~~**ventiuno**~~ (21), **trentuno** (31), **quarantotto** (48).

Bei zusammengesetzten Zahlen, die auf 3 enden, muss auf dem **e** von **tre** ein Akzent stehen: **trentatré** (33), **duecentoventitré** (223).

Die Hunderter werden mit der Zahl **cento** (100) gebildet:

200 - **duecento**	600 - **seicento**
300 - **trecento**	700 - **settecento**
400 - **quattrocento**	800 - **ottocento**
500 - **cinquecento**	900 - **novecento**

Bei Zusammensetzungen mit dem Zahlwort **cento** werden die aufeinanderfolgenden Vokale nur ganz selten zu einem Vokal reduziert. Häufiger sind die Formen: **centouno** (101), **trecentootto** (308), **ottocentoundici** (811).

Zusammengesetzte Zahlwörter mit **cento** und **mille** (1000) kann man auch getrennt schreiben. Zwischen den beiden letzten Einheiten steht dann die Konjunktion **e** und: **mille e cinque** (1005), **cento e dieci** (110).

Im Plural wird das Zahlwort **mille** *tausend* zu **mila**: **duemila** *zweitausend*, **tremila** *dreitausend*.

Die Zahlwörter **milione** *Million* und **miliardo** *Milliarde* bilden Konstruktionen mit **di**: **due milioni di euro** *zwei Millionen Euro*, **sei miliardi di dollari** *sechs Milliarden Dollar*. **Milione** und **miliardo** werden nicht mit anderen Zahlen zusammengeschrieben.

1. Ein Hund bellt. ....

2. Der Hund bellt. ....

3. Ich habe einen Hund und eine Katze: Der Hund heißt Pluto und die Katze Micio. ....

4. Ich sehe einen Herrn und eine Dame. ....

5. Ich sehe einen Mann. ....

6. Ich sehe einen Unbekannten. ....

7. Ich sehe eine Insel! ....

8. Eine Person fehlt. ....

9. Ich kaufe ein Buch zu Lucas Geburtstag. ....

10. Das ist ein Fehler. ....

11. Ich schreibe einen Brief. ....

12. Ich höre ein Geräusch. ....

13. Bitte, hier ist ein Glas Wasser. ....

14. Ein Glas Wein bitte. ....

15. Einen Moment! Einen Augenblick! ....

16. Luca singt ein Lied. ....

17. Luca ist ein Freund von Stefano. ....

18. Ich nehme ein Hörnchen und einen Cappuccino. ....

1. Un cane abbaia.
2. Il cane abbaia.
3. Ho un cane e un gatto: il cane si chiama Pluto e il gatto Micio.
4. Vedo un signore e una signora.
5. Vedo un uomo.
6. Vedo uno sconosciuto.
7. Vedo un'isola!
8. Manca una persona.
9. Compro un libro per il compleanno di Luca.
10. È un errore.
11. Scrivo una lettera.
12. Sento un rumore.
13. Prego, ecco un bicchiere d'acqua.
14. Un bicchiere di vino, per favore.
15. Un momento! Un attimo!
16. Luca canta una canzone.
17. Luca è un amico di Stefano.
18. Prendo un cornetto e un cappuccino.

Der unbestimmte Artikel (hier: **un**) weist in diesem Satz auf einen zum ersten Mal erwähnten, nicht näher bestimmten Hund hin.

Hier handelt es sich um einen konkreten Hund, den die Gesprächspartner kennen. Deshalb wird der bestimmte Artikel (hier: **il**) verwendet.

Wenn etwas zum ersten Mal erwähnt wird, kommt der unbestimmte Artikel zum Einsatz. Ist etwas bekannt bzw. konkret, benutzt man den bestimmten Artikel.

Micio kann man zärtlich zu einer Katze sagen (wie z. B. *Kätzchen* im Deutschen). Vor allem auch als Lockruf hört man es oft, ähnlich wie das deutsche *miez miez*. Es ist aber auch ein sehr beliebter Katzenname.

Die unbestimmten Artikel haben die gleichen Formen wie die Zahl **uno** *eins*. Sie hängen jeweils vom Geschlecht und vom Anfangsbuchstaben des Substantivs ab, das sie begleiten.
Der männliche Artikel **uno** steht vor:
z: **uno zaino** *ein Rucksack*
s + Konsonant: **uno sbaglio** *ein Fehler*
ps: **uno psicologo** *ein Psychologe*
gn: **uno gnomo** *ein Gnom*
x: **uno xilofono** *ein Xylophon*
y: **uno yogurt** *ein Joghurt*
Die Kurzform **un** steht vor allen anderen Substantiven.
Der weibliche Artikel **un'** steht vor Substantiven, die mit einem Vokal beginnen: **un'amica** *eine Freundin*. Die Form **una** steht vor allen anderen weiblichen Substantiven (**una donna**, **una signora**).

Das Wort **bicchiere** sagt man sowohl für das einfache Glas als auch für das Schnaps- oder Weinglas.

Un vor dem Substantiv **cappuccino** bedeutet wie im Deutschen *eine Tasse Cappuccino, einen Cappuccino.*

19. Ich lese ein interessantes Buch.

....

20. Ich höre einen seltsamen Laut.

....

21. Das ist keine schwierige Sache.

....

22. Perugia ist eine italienische Stadt.

....

23. Marcello Mastroianni ist ein berühmter Schauspieler.

....

24. Er ist Rechtsanwalt.

....

25. Ich esse einen Apfel.

....

26. Ich arbeite mit einem Freund.

....

27. Ich kenne eine gewisse Maria.

....

28. Es kommen wichtige Gäste.

....

29. Er/Sie sucht nach Ausreden.

....

30. Ich kaufe Brot und Wein.

....

31. Ich sehe Wolken.

....

32. Ich gebe Salz und Pfeffer hinzu.

....

33. Das ist eine leichte Frage.

....

34. Abends lese ich immer ein Buch.

....

35. Ich nehme einen Stift und schreibe.

....

36. Wie viel kostet ein Fahrrad?

....

19. Leggo un libro interessante.

20. Sento un suono strano.

21. Non è una cosa difficile.

22. Perugia è una città italiana.

23. Marcello Mastroianni è un attore famoso.

24. È avvocato.

25. Mangio una mela.

26. Lavoro con un amico.

27. Conosco una certa Maria.

28. Arrivano degli ospiti importanti.

29. Cerca delle scuse.

30. Compro del pane e del vino.

31. Vedo delle nuvole.

32. Aggiungo del sale e del pepe.

33. È una domanda facile.

34. La sera leggo sempre un libro.

35. Prendo una penna e scrivo.

36. Quanto costa una bicicletta?

Auf **un/uno/una/un'** + Substantiv kann auch ein Adjektiv folgen: **un libro interessante** *ein interessantes Buch*. Das Adjektiv steht in den meisten Fällen nach dem Substantiv. Mehr zu diesem Thema in unità 11.

Mit dem Satz **è avvocato** (ohne Artikel) sagt man, dass jemand von Beruf Rechtsanwalt ist. **È l'avvocato** (mit bestimmtem Artikel) würde man in Bezug auf einen Anwalt sagen, über den man sich bereits unterhalten hat, von dem man weiß, um wen es sich handelt.

Der unbestimmte Artikel hat weder im Italienischen noch im Deutschen eine Pluralform. Im Italienischen kann man aber den Teilungsartikel verwenden, um eine unbestimmte Menge zu bezeichnen. Seine Formen werden aus der Präposition **di** und dem bestimmten Artikel zählbarer Substantive gebildet: **dei** und **degli** sind die männlichen Formen (**dei signori**, **degli ospiti**), **delle** ist die weibliche Form (**delle signore**, **delle amiche**). Im Deutschen bleiben diese Teilungsartikel in der Regel unübersetzt.

Der Teilungsartikel kann auch im Singular bei nicht zählbaren Substantiven stehen und bedeutet so viel wie *ein bisschen, etwas*. Die männlichen Formen sind **del**, **dell'** und **dello**, (**del denaro**, **dell'olio**, **dello zucchero**). In Verbindung mit weiblichen Substantiven lauten die Formen **della** vor einem Konsonant und **dell'** vor einem Vokal (**della birra**, **dell'acqua**). Teilungsartikel im Singular werden seltener gebraucht als Teilungsartikel im Plural.

Näheres zu den bestimmten Artikeln in unità 3 und zur Bildung der Teilungsartikel in unità 25.

Parole nuove

....

....

....

....

1. Habt ihr Zeit? ....
2. Ich habe wenig Zeit und du hast viel Zeit. ....
3. Habt ihr Fragen? ....
4. Ja, ich habe eine Frage. ....
5. Wie alt bist du? ....
6. Ich bin siebenunddreißig Jahre alt. ....
7. Ich bin vierzig Jahre alt. ....
8. Luca und Stefano haben kein Geld mehr. ....
9. Ich habe zwei Schwestern und drei Brüder. ....
10. Habt ihr ein Auto? ....
11. Ich habe ein Problem. ....
12. Ich habe eine Idee! ....
13. Wir haben weder Arbeit noch Geld, aber wir sind glücklich. ....
14. Hast du eine Frau? ....
15. Nein, aber ich habe eine Verlobte. ....
16. Habt ihr Kinder? ....
17. Hast du einen Stift? ....
18. Morgen haben wir Italienischprüfung. ....

1. Avete tempo?
2. Io ho poco tempo e tu hai tanto tempo.
3. Avete domande?
4. Sì, io ho una domanda.
5. Quanti anni hai?
6. Ho trentasette anni.
7. Ho quarant'anni.
8. Luca e Stefano non hanno più soldi.
9. Ho due sorelle e tre fratelli.
10. Avete una macchina?
11. Ho un problema.
12. Ho un'idea!
13. Non abbiamo lavoro né soldi, ma siamo felici.
14. Hai moglie?
15. No, ma ho una fidanzata.
16. Avete bambini?
17. Hai una penna?
18. Domani abbiamo l'esame di italiano.

Das Verb **avere** wird unregelmäßig konjugiert.

io ho	*ich habe*
tu hai	*du hast*
lui/lei/Lei ha	*er/sie hat/Sie haben*
noi abbiamo	*wir haben*
voi avete	*ihr habt*
loro hanno	*sie haben*

Es ist zu beachten, dass das **h** im Italienischen stumm ist.

Quaranta anni wird zu **quarant'anni** gekürzt. Die zwei aufeinanderfolgenden Vokale **a** verschmelzen zu einem. Schriftlich wird diese Auslassung eines Vokals durch einen Apostroph gekennzeichnet. Das gilt natürlich vor **anni** genauso für die anderen Zahlwörter der Zehnerreihe: **trent'anni, cinquant'anni** etc.

Während man im Deutschen zwischen der Verneinung mit *nicht* und *kein(e)* unterscheidet, steht im Italienischen immer **non**. Im Gegensatz zu *nicht* und *kein(e)* steht **non** vor dem Verb:
Non lavoro. *Ich arbeite nicht.*
Non ho tempo. *Ich habe keine Zeit.*

Non... più bedeutet entweder *nicht mehr* oder *keine(n) ... mehr*:
Non lavoriamo più. *Wir arbeiten nicht mehr.*
Non abbiamo più tempo. *Wir haben keine Zeit mehr.*

Das Substantiv **problema** ist trotz der Endung auf **-a** männlich.
Mehr über unregelmäßige Substantive in unità 21.

Né entspricht dem deutschen *noch* (in Verbindung mit *weder*) in Verneinungssätzen und kann auch doppelt auftreten: **né tu né io** *weder du noch ich.*
Wenn der Satz mit **né** beginnt, ist das Verneinungswort **non** nicht notwendig: **Né lui né lei ha tempo.** *Weder er noch sie hat Zeit.*

19. Ich habe Hunger!
....
20. Hast du Durst?
....
21. Mir ist kalt.
....
22. Mir ist warm.
....
23. Hast du Angst?
....
24. Ich habe keinen Mut.
....
25. Luca hat recht.
....
26. Ihr habt unrecht.
....
27. Wir sind müde.
....
28. Seid ihr in Eile?
....
29. Hilfe! Ich habe keine Geduld mehr.
....
30. Hast du (mal) einen Moment?
....
31. Das Mädchen hat Fieber.
....
32. Ich habe Kopfschmerzen.
....
33. Luca hat Halsschmerzen.
....
34. Wir haben Bauchschmerzen.
....
35. Oma Sofia hat Rückenschmerzen.
....
36. Habt ihr Zahnschmerzen?
....

19. Ho fame!

20. Hai sete?

21. Ho freddo.

22. Ho caldo.

23. Hai paura?

24. Non ho coraggio.

25. Luca ha ragione.

26. Avete torto.

27. Abbiamo sonno.

28. Avete fretta?

29. Aiuto! Non ho più pazienza.

30. Hai un momento?

31. La bambina ha la febbre.

32. Ho mal di testa.

33. Luca ha mal di gola.

34. Abbiamo mal di pancia.

35. Nonna Sofia ha mal di schiena.

36. Avete mal di denti?

In Verbindung mit **avere** gibt es einige Ausdrücke, die einen seelischen oder körperlichen Zustand beschreiben. Im Deutschen entsprechen sie Verbindungen aus *haben* + Substantiv, *sein* + Adjektiv oder verbalen Ausdrücken. Entsprechende Beispiele finden Sie in den Sätzen 19 - 28. Sehr gebräuchliche Wendungen sind:

avere fame	*Hunger haben*
avere sete	*Durst haben*
avere freddo/caldo	*jdm ist kalt/warm*
avere paura	*Angst haben*
avere coraggio	*mutig sein*
avere ragione	*recht haben*
avere torto	*unrecht haben*
avere sonno	*müde sein*
avere fretta	*es eilig haben*

Eine oft gebrauchte Wendung ist auch **avere bisogno di qualcosa** *etwas brauchen*: **Ho bisogno di soldi.** *Ich brauche Geld.*

Torto bedeutet *Unrecht*: **fare un torto** *ein Unrecht tun*; **avere torto** *unrecht haben*.

Wenn man sagen möchte, dass einem etwas wehtut, dann verwendet man die Konstruktion: **avere** + **mal** *Schmerz* + **di** + Bezeichnung des schmerzenden Körperteils. In dieser Konstruktion wird kein Artikel gebraucht.

Parole nuove

....

....

....

....

....

....

....

1. Ich bin klein und Luca ist groß. ....
2. Das Haus ist groß. ....
3. Die Wohnung ist klein. ....
4. Stefanos Freundin ist sehr dünn. ....
5. Die Rossis sind reich. ....
6. Der arme Luca ist wieder allein und traurig. ....
7. Ich bin dick und faul. ....
8. Heute sind die Museen geschlossen. ....
9. Stefanos Auto ist sehr schnell. ....
10. Die Geschäfte sind bereits geöffnet. ....
11. Du bist wunderschön! ....
12. Stefano ist immer gestresst. ....
13. Meiner Meinung nach ist die Aufführung langweilig. ....
14. Ich bin gelangweilt. ....
15. Maria ist ruhig, aber Luca scheint wütend zu sein. ....
16. Warum bist du so nervös? ....
17. Pinocchios Nase ist lang. ....
18. Lügen haben kurze Beine. ....

1. Io sono bassa e Luca è alto.
2. La casa è grande.
3. L'appartamento è piccolo.
4. La ragazza di Stefano è molto magra.
5. I signori Rossi sono ricchi.
6. Il povero Luca è di nuovo solo e triste.
7. Sono grasso/a e pigro/a.
8. Oggi i musei sono chiusi.
9. La macchina di Stefano è molto veloce.
10. I negozi sono già aperti.
11. Sei bellissimo/a!
12. Stefano è sempre stressato.
13. Secondo me, lo spettacolo è noioso.
14. Sono annoiato.
15. Maria è tranquilla, ma Luca sembra arrabbiato.
16. Perché sei così nervoso/a?
17. Il naso di Pinocchio è lungo.
18. Le bugie hanno le gambe corte.

Es gibt Adjektive, die eine männliche Form mit der Endung **-o** und eine weibliche mit der Endung **-a** haben: **bello/bella** sowie Adjektive, die für beide Geschlechter eine einzige Form haben und auf **-e** enden: **grande**. Adjektive bilden den Plural nach den gleichen Regeln wie Substantive. Die Endung **-o** wird im Plural zu **-i**: **bello** - **belli** und **-a** wird zu **-e**: **bella** - **belle**. Die Endung **-e** wird im Plural zu **-i**: **grande** - **grandi**.

Die wichtigsten Adjektive sind unten in der Tabelle als Gegensatzpaare aufgeführt:

allegro	*fröhlich*	**triste**	*traurig*
alto	*groß, hoch*	**basso**	*klein, niedrig*
aperto	*offen, geöffnet*	**chiuso**	*zu, geschlossen*
bello	*schön*	**brutto**	*hässlich*
buono	*lieb*	**cattivo**	*böse*
giovane	*jung*	**anziano**	*alt*
grande	*groß*	**piccolo**	*klein*
grasso	*dick*	**magro**	*dünn*
lungo	*lang*	**breve/ corto**	*kurz*
nuovo	*neu*	**vecchio**	*alt*
pesante	*schwer*	**leggero**	*leicht*
ricco	*reich*	**povero**	*arm*
veloce	*schnell*	**lento**	*langsam*

Durch Anhängen der Endsilbe **-issimo/-a** an ein Adjektiv wird dessen Grundbedeutung verstärkt. Es ist so, als würde man vor einem Adjektiv im Deutschen *sehr* einfügen. **Bellissima** ist schöner als **bella**, und **piccolissimo** kleiner als **piccolo**.

Noioso *langweilig* kommt von **noia** *Langeweile*. **Che noia!** *Wie langweilig*!

Arrabbiato *wütend, zornig* ist ein vom Substantiv **rabbia** *Wut, Zorn* abgeleitetes Adjektiv.

In verallgemeinernden Aussagen verwendet man im Italienischen den bestimmten Artikel: **I delfini sono animali intelligenti**. *Delfine sind intelligente Tiere.*
Siehe auch Satz 26.

19. Im Winter sind die Tage kurz. ....

20. Luca hat blaue Augen und blonde Haare. ....

21. Opa Lorenzo hat einen grauen Schnauzer. ....

22. Maria hat lange und schlanke Beine. ....

23. Ich kaufe die roten Rosen, nicht gelbe. ....

24. Luca trägt oft rosa Hosen. ....

25. Das Leben ist grau und traurig. ....

26. Bringen schwarze Katzen Unglück? ....

27. Nein! Meiner Meinung nach bringen sie Glück. ....

28. Er ist Italiener. ....

29. Lucas Uhr ist eine Schweizer [Uhr]. ....

30. Es ist ein deutsches Auto. ....

31. Wir schauen einen spanischen Film an. ....

32. Ich benutze ein deutsch-italienisches Wörterbuch. ....

33. Die tschechische Küche ist schwer, genauso wie die deutsche Küche. ....

34. Es ist eine leichte Arbeit. ....

35. Opa Lorenzo ist ein sympathischer, älterer Herr. ....

36. Du bist noch jung, lieber Luca. ....

19. In inverno i giorni sono brevi.

20. Luca ha gli occhi azzurri e i capelli biondi.

21. Nonno Lorenzo ha i baffi grigi.

22. Maria ha le gambe lunghe e snelle.

23. Compro le rose rosse, non gialle.

24. Luca porta spesso i pantaloni rosa.

25. La vita è grigia e triste.

26. I gatti neri portano sfortuna?

27. No! Secondo me, portano fortuna.

28. È italiano.

29. L'orologio di Luca è svizzero.

30. È una macchina tedesca.

31. Guardiamo un film spagnolo.

32. Uso un vocabolario/dizionario tedesco-italiano.

33. La cucina ceca è pesante, così come la cucina tedesca.

34. È un lavoro leggero.

35. Nonno Lorenzo è un simpatico signore anziano.

36. Sei ancora giovane, caro Luca.

Corto bedeutet *kurz* im physischen Sinne (für etwas, das man mit dem Längenmaß messen kann). **Breve** hat eine übertragene Bedeutung und wird v. a. in Bezug auf die Zeit verwendet.

Anders als im Deutschen steht das Adjektiv im Italienischen in der Regel hinter dem Substantiv. Steht es vor dem Substantiv, hat es oft eine übertragene Bedeutung, z. B.:
un amico vecchio *ein alter Freund* = ein Freund im fortgeschrittenen Alter
un vecchio amico *ein alter Freund* = ein Freund, den man seit Jahren kennt.

Farbbezeichnungen sind wie andere Adjektive veränderlich. Ausnahmen von der Regel sind: **rosa** *rosa*, **blu** *blau*, **viola** *violett*, **beige** *beige*, die unveränderlich sind.

Von Länder-, Städte- und Gebietsnamen abgeleitete Adjektive haben im Italienischen dieselbe Form wie die Bezeichnungen für die Bewohner dieser Orte. In beiden Bedeutungen werden sie kleingeschrieben. Beispiele für Ländernamen und deren Ableitungen sind:

Italia - italiano/-a	*Italien - italienisch; Italiener(in)*
Germania - tedesco/-a	*Deutschland - deutsch; Deutsche(r)*
Francia - francese	*Frankreich - französisch; Franzose/Französin*
Spagna - spagnolo/-a	*Spanien - spanisch; Spanier(in)*

Achtung! **Ceco** heißt *tschechisch, Tscheche*, das Wort **cieco** dagegen *blind*. Der Unterschied besteht nur in der Schreibweise, ausgesprochen werden beide Wörter gleich.

Wenn sich zwei Adjektive auf ein Substantiv beziehen, dann steht meistens eins davor und eins dahinter.
Das Adjektiv **anziano** *alt* wird nur in Bezug auf Menschen verwendet. Es ist eleganter als **vecchio**, das man eher in Verbindung mit Gegenständen gebraucht.

1. Sehr gut! ....

2. Ihr habt viele Bücher. ....

3. Viele Deutsche verbringen den Urlaub in Italien. ....

4. Ich esse viel. ....

5. Ich esse viele Süßigkeiten. ....

6. Ich esse viel Schokolade. ....

7. Ich esse viel Pasta. ....

8. Ich bin sehr glücklich. ....

9. Wir haben viele Freunde. ....

10. Ich habe viel Hunger! ....

11. Alles Gute! ....

12. Luca hat viele Probleme. ....

13. Es ist zu schwierig! ....

14. Wir essen zu viel Schokolade. ....

15. Wir haben nicht zu viel Zeit. ....

16. - Hast du Durst? - Nicht viel. ....

17. Die Suppe ist zu salzig. ....

18. Das ist zu schön, um wahr zu sein! ....

1. Molto bene!
2. Avete molti libri.
3. Molti tedeschi passano le vacanze in Italia.
4. Mangio molto.
5. Mangio molti dolci.
6. Mangio molto cioccolato.
7. Mangio molta pasta.
8. Sono molto felice.
9. Abbiamo tanti amici.
10. Ho tanta fame!
11. Tante belle cose!
12. Luca ha tanti problemi.
13. È troppo difficile!
14. Mangiamo troppo cioccolato.
15. Non abbiamo troppo tempo.
16. – Hai sete? – Non troppa.
17. La minestra/zuppa è troppo salata.
18. È troppo bello per essere vero!

Die Wörter **molto, tanto, poco** und **troppo** können in einem Satz verschiedene Funktionen haben. Je nachdem, mit welcher Wortart sie sich verbinden, sind sie veränderlich oder unveränderlich.

Vor einem Substantiv hat **molto** die Bedeutung *viel(e)* und ist veränderlich:
männlich:
molto latte *viel Milch*
molti mesi *viele Monate*
weiblich:
molta pazienza *viel Geduld*
molte persone *viele Personen.*
Es ist unveränderlich, wenn es mit einem Verb steht, z. B. **Mangio molto.** *Ich esse viel.* Und auch dann, wenn es sich mit der Bedeutung *sehr* verstärkend auf ein anderes Adverb oder ein Adjektiv bezieht: **molto bene** *sehr gut,* **molto bello** *sehr schön.*

Tanto ist ein Synonym von **molto**. Es tritt in folgenden Formen auf:
männlich:
tanto caffè *viel Kaffee*
tanti anni *viele Jahre*
weiblich:
tanta minestra *viel Suppe*
tante settimane *viele Wochen.*
In den meisten Kontexten sind die beiden Wörter austauschbar: **molte cose – tante cose** *viele Dinge*, **lavoro molto – lavoro tanto** *ich arbeite viel.* In der Bedeutung *sehr* wird häufiger **molto** gebraucht.

In dieser festen Wendung wird nur **tanto** und nicht **molto** verwendet.

Troppo bedeutet *zu (viel), zu (sehr)* und erfüllt im Satz die gleichen Funktionen wie **molto** und **tanto**.

Troppo wird hier in der weiblichen Form verwendet, weil es sich auf das weibliche Substantiv **sete** bezieht. Die wörtliche Übersetzung lautet *Hast du Durst? - Nicht zu viel.*

19. Du machst wenig Fehler.

....

20. Stefano hat wenig Geld.

....

21. Es fehlt nicht viel [nur wenig]!

....

22. Wir sind wenige.

....

23. Ich habe wenig Freundinnen.

....

24. Ich bin ein bisschen müde.

....

25. Ich nehme ein bisschen Kuchen.

....

26. Ich esse alles.

....

27. Ich esse den ganzen Kuchen.

....

28. Ist das schon alles?

....

29. Alles in Ordnung?

....

30. Alle haben recht.

....

31. Viele [Menschen] schreiben, aber wenige lesen.

....

32. Im August fahren sehr viele Menschen in den Urlaub.

....

33. Luca isst sehr viel.

....

34. Im Sommer kostet Obst sehr wenig.

....

35. Es ist zu wenig Wasser.

....

36. Es reicht! Es ist zu viel. Ich höre hier auf.

....

19. Fai pochi errori.

20. Stefano ha pochi soldi.

21. Manca poco!

22. Siamo pochi.

23. Ho poche amiche.

24. Sono un po' stanco/a.

25. Prendo un po' di torta.

26. Mangio tutto.

27. Mangio tutta la torta.

28. È già tutto?

29. Tutto bene?

30. Tutti hanno ragione.

31. Molti scrivono, ma pochi leggono.

32. In agosto moltissime persone partono per le vacanze.

33. Luca mangia tantissimo.

34. In estate la frutta costa pochissimo.

35. L'acqua è troppo poca.

36. Basta! È troppo. Finisco qui.

Poco *wenig(e)* wird im Plural mit **h** geschrieben: **pochi** (m.), **poche** (w.).

Wenn die Rede nur von Frauen ist, sagt man: **Siamo poche.**

Von **poco** wird die Kurzform **po'** gebildet, die in Verbindung mit **un** (**un po'**) *ein bisschen, etwas* bedeutet. Wenn dieser Ausdruck vor einem Substantiv steht, wird die Präposition **di** eingeschoben: **un po' di latte** *etwas Milch.*

Tutto bedeutet *alles*, wenn es alleine steht. Vor einem Substantiv hat es die Bedeutung *ganze* oder im Plural *alle*: **tutto** + Artikel + Substantiv, z. B.: **tutta la torta** *der ganze Kuchen.* Die Endung von **tutto** wird an Geschlecht und Zahl des Substantivs angepasst, auf das es sich bezieht:

männlich:

Sg.: **tutto il mondo** *die ganze Welt* | **tutto lo zucchero** *der ganze Zucker* | **tutto l'olio** *das ganze Öl*

Pl.: **tutti i signori** *alle Herren* | **tutti gli ospiti** *alle Gäste*

weiblich:

Sg.: **tutta la vita** *das ganze Leben* | **tutta l'acqua** *das ganze Wasser*

Pl.: **tutte le signore** *alle Damen* | **tutte le attrici** *alle Schauspielerinnen.*

Die Pluralformen **molti, tanti, troppi** und **pochi** können auch ohne Substantiv in der Bedeutung *viele/zu viele/wenige Personen* gebraucht werden.

An **molto, tanto** und **poco** kann man noch das Suffix **-issimo** anhängen, um die Bedeutung zu verstärken.

Das Substantiv **la frutta** *das Obst* ist im Singular genau wie im Deutschen ein Sammelbegriff.
I frutti (m. Pl.) wird in übertragener Bedeutung verwendet: **frutti di mare** *Meeresfrüchte*, **i frutti del lavoro** *die Früchte der Arbeit.*

1. Im Badezimmer ist eine Spinne. ....

2. In Rom gibt es viele Touristen. ....

3. Hier sind die Füller und die Bleistifte. ....

4. Im Hotel gibt es einen Aufzug. ....

5. In Venedig gibt es 435 Brücken. ....

6. Zu Hause sind drei Personen. ....

7. In der Küche ist eine Katze. ....

8. Es gibt noch einen freien Platz. ....

9. Ist Luca da? ....

10. Nein, Luca ist heute nicht da. ....

11. Ist Maria heute im Büro? ....

12. Gibt es noch Pasta? ....

13. Es gibt keine Pasta mehr, es gibt nichts mehr. ....

14. Gibt es Geschenke für mich? ....

15. Gibt es noch Platz? ....

16. Gibt es eine Lösung? ....

17. Morgen gibt es einen Streik. ....

18. Heute herrscht ein schrecklicher Verkehr. ....

1. In bagno c'è un ragno.
2. A Roma ci sono molti turisti.
3. Qui ci sono le penne e le matite.
4. In albergo c'è l'ascensore.
5. A Venezia ci sono 435 ponti.
6. A casa ci sono tre persone.
7. C'è un gatto in cucina.
8. C'è ancora un posto libero.
9. C'è Luca?
10. No, oggi Luca non c'è.
11. C'è Maria oggi in ufficio?
12. C'è ancora la pasta?
13. Non c'è più la pasta, non c'è più niente.
14. Ci sono dei regali per me?
15. C'è ancora spazio?
16. C'è una soluzione?
17. Domani c'è uno sciopero.
18. Oggi c'è un traffico terribile.

Die Partikel **ci** (vor einem Vokal **c'**) dient der Ortsangabe. Oft kann man sie mit *da, dort* oder *dorthin* übersetzen. Dabei bezieht sie sich auf einen Ort, von dem schon die Rede war. Meistens wird sie aber gar nicht übersetzt. Am häufigsten benutzt man **ci** mit dem Verb **essere** in der Verbindung **c'è/ci sono**:
c'è *es gibt, es ist da/vorhanden* – mit Substantiven im Sg.
ci sono *es gibt, es sind da/vorhanden* – mit Substantiven im Pl.:
In cucina c'è una sedia. *In der Küche ist ein Stuhl.*
In cucina ci sono quattro sedie. *In der Küche sind vier Stühle.*
Steht die Ortsangabe am Satzanfang wie in den Sätzen 1-6, dann folgt darauf direkt **c'è** bzw. **ci sono**.

Eine Ortsangabe kann auch am Satzende stehen: **Ci sono tre persone a casa**. Oder im vorhergehenden Satz: **Ci sono 435 ponti a Venezia**.

C'è und **ci sono** kommen auch in Fragesätzen vor: Man fragt, ob sich jemand oder etwas an einem bestimmten Ort befindet.

In Verneinungssätzen wird **non** vor die Partikel **ci** gestellt. Im Sg.: **Luca non c'è**. *Luca ist nicht da*. Im Pl.: **Luca e Stefano non ci sono**. *Luca und Stefano sind nicht da*.

Zur Erinnerung: Vor einigen männlichen Substantiven, die mit einem bestimmten Konsonanten beginnen, steht der bestimmte Artikel **lo** und nicht **il** und der unbestimmte Artikel **uno** anstatt **un**.
Siehe dazu die Erläuterungen in den unità 3 und 9.

19. Zum Glück ist heute die Sonne da.

....

20. Hier ist ein Brötchen für dich.

....

21. Heute findet das Spiel Milan - Inter statt.

....

22. Es gibt keine Rose ohne Dornen.

....

23. Es gibt keine Regel ohne Ausnahme.

....

24. Was gibt's?

....

25. Es ist ein Brief für dich da.

....

26. Es sind Briefe für dich da.

....

27. Gibt es noch Schokolade?

....

28. Ist noch Zeit?

....

29. Luca, schnell, es ist keine Zeit mehr.

....

30. Ich bin auch da!

....

31. Luca und Stefano sind auch da.

....

32. - Danke! - Keine Ursache.

....

33. Es ist kein Geld mehr da.

....

34. Ich bin für niemanden da.

....

35. Warum bist nicht auch du hier bei mir?

....

36. Bist du da?

....

19. Per fortuna, oggi c'è il sole.

20. Qui c'è un panino per te.

21. Oggi c'è la partita Milan-Inter.

Aber: **La partita Milan-Inter è oggi.** *Das Spiel Milan - Inter ist heute.* Hier wissen die Gesprächspartner schon von diesem Spiel und die neue Information ist, wann es stattfindet. Im Satz mit **c'è** dagegen wird darüber informiert, dass es solch ein Spiel gibt.

22. Non c'è rosa senza spine.

23. Non c'è regola senza eccezioni.

24. Che c'è?

25. C'è una lettera per te.

Der unbestimmte Artikel wird hier verwendet, weil man das erste Mal von diesem Brief spricht. Zur Erinnerung an den Gebrauch des unbestimmten Artikels: männlich: **uno zio** *(irgend)ein Onkel* (vor: **gn**, **ps**, **x**, **s** + Konsonant, **z**); **un ragazzo** *(irgend)ein Junge*, **un uomo** *(irgend)ein Mann/Mensch* (vor allen anderen Konsonanten und vor Vokalen); weiblich: **una donna** *(irgend)eine Frau* (vor einem Konsonant); **un'amica** *(irgend)eine Freundin* (vor einem Vokal).

26. Ci sono delle lettere per te.

Im Plural werden anstelle von unbestimmten Artikeln Teilungsartikel verwendet. Ihre Formen wurden in unità 9 vorgestellt.

27. C'è ancora il cioccolato?

Neben dem Substantiv **il cioccolato** verwendet man in manchen Regionen Italiens auch die feminine Form **la cioccolata**. In der Bedeutung *Trinkschokolade* benutzt man aber ausschließlich die weibliche Form: **la cioccolata calda** *die heiße Schokolade*.

28. C'è ancora tempo?

29. Luca, veloce, non c'è più tempo.

Veloce ist ein Adjektiv und bedeutet *schnell*, hier gebraucht als Adverb.

30. Ci sono anch'io!

31. Ci sono anche Luca e Stefano.

32. - Grazie! - Non c'è di che.

33. Non ci sono più soldi.

34. Non ci sono per nessuno.

Das Wort **nessuno** *niemand* kann allein stehen und ist in dem Fall unveränderlich: **non conosco nessuno** *ich kenne niemanden*; **non c'è nessuno** *niemand ist da*.
Es kann aber auch vor einem Substantiv stehen und wird dann mit *kein(e)* übersetzt. Seine Formen richten sich nach denen des unbestimmten Artikels:
Männliche Formen: **nessuno zio** *kein Onkel* (vor: **gn**, **ps**, **x**, **s** + Konsonant, **z**); **nessun ragazzo** *kein Junge*, **nessun uomo** *kein Mann/ Mensch* (vor allen anderen Konsonanten und vor Vokalen);
Weibliche Formen: **nessuna donna** *keine Frau* (vor einem Konsonant); **nessun'amica keine** *Freundin* (vor einem Vokal).

35. Perché non ci sei anche qui con me?

36. Ci sei?

1. Wohin gehst du? ....
2. Ich gehe nach Hause. ....
3. Wir gehen zu Fuß. ....
4. Fahrt ihr mit dem Auto oder mit dem Zug? ....
5. Vielleicht nehmen wir das Flugzeug. ....
6. Ich fahre von Rom nach Mailand. ....
7. Die Kinder gehen zur Schule. ....
8. Luca und Stefano fahren alleine nach Neapel. ....
9. Ich fahre mit dem Fahrrad. ....
10. Ich besuche Oma Sofia. ....
11. Ich gehe weg! ....
12. Wie läuft es denn so? ....
13. Ich komme morgen. ....
14. Wer kommt? ....
15. Warum kommt ihr so spät? ....
16. Wir kommen zu Fuß. ....
17. Komm hierher zu mir! ....
18. Ich komme mit dir! ....

1. Dove vai?
2. Vado a casa.
3. Andiamo a piedi.
4. Andate in macchina o in treno?
5. Forse andiamo in aereo.
6. Vado da Roma a Milano.
7. I bambini vanno a scuola.
8. Luca e Stefano vanno da soli a Napoli.
9. Vado in bicicletta.
10. Vado a trovare nonna Sofia.
11. Vado via!
12. Come vanno le cose?
13. Vengo domani.
14. Chi viene?
15. Perché venite così tardi?
16. Veniamo a piedi.
17. Vieni qui da me!
18. Vengo con te!

Das Verb **andare** *gehen, fahren* ist unregelmäßig.

io vado	*ich gehe*
tu vai	*du gehst*
lui/lei/Lei va	*er/sie geht/Sie gehen*
noi andiamo	*wir gehen*
voi andate	*ihr geht*
loro vanno	*sie gehen*

Folgende Ausdrücke mit dem Verb **andare** sind gebräuchlich:

andare in bici/ macchina/ treno/ tram	*(mit dem) Fahrrad/ Auto/Zug/(mit der) Straßenbahn fahren*
andare a trovare qualcuno	*jemanden besuchen*
Come va?	*Wie gehts?*
Come vanno le cose?	*Wie läuft es denn so?*

Das Verb **andare** wird mit den Präpositionen **a** und **in** genauso benutzt wie **essere.** Im Deutschen ändert sich aber die Präposition, wenn man sich in Richtung eines Ziels fortbewegt: **sono a Napoli** *ich bin in Neapel* und **vado a Napoli** *ich fahre nach Neapel*. Dasselbe gilt in Verbindung mit Namen von Ländern und Regionen: **sono in Italia** und **vado in Italia**, aber *ich bin in Italien* und *ich fahre nach Italien.*

Das Wort **via** *weg* kommt in vielen Ausdrücken vor. Mit dem Verb **andare** entspricht es dem deutschen Verb *(weg)gehen.*

Das Verb **venire** *kommen* wird wie folgt konjugiert:

io vengo	*ich komme*
tu vieni	*du kommst*
lui/lei/Lei viene	*er/sie kommt/Sie kommen*
noi veniamo	*wir kommen*
voi venite	*ihr kommt*
loro vengono	*sie kommen*

19. Was machst du? ....

20. Ich mache nichts. ....

21. Wann geht ihr einkaufen? ....

22. Ich gebe dir einen Preisnachlass. ....

23. Es ist warm! ....

24. Es ist kalt! ....

25. Es ist dunkel. ....

26. Zwei mal zwei macht vier. ....

27. Ich dusche. ....

28. Ich bade. ....

29. Ich treibe Sport, um in Form zu bleiben. ....

30. Wir packen die Koffer. ....

31. Ich frühstücke nicht. ....

32. Wir sind still. ....

33. Warum machst du Lärm? ....

34. Luca ist Arzt. ....

35. Stefano macht einen sehr guten Kaffee. ....

36. Wir machen eine Pause. ....

19. Che cosa fai?

20. Non faccio nulla/niente.

21. Quando fate la spesa?

22. Ti faccio uno sconto.

23. Fa caldo!

24. Fa freddo!

25. Fa buio.

26. Due per due fa quattro.

27. Faccio la doccia.

28. Faccio il bagno.

29. Faccio sport per stare in forma.

30. Facciamo le valigie.

31. Non faccio colazione.

32. Facciamo silenzio.

33. Perché fai rumore?

34. Luca fa il medico.

35. Stefano fa un caffè buonissimo.

36. Facciamo una pausa.

Das Verb **fare** *machen* hat auch eine unregelmäßige Konjugation:

io faccio	*ich mache*
tu fai	*du machst*
lui/lei/Lei fa	*er/sie macht/Sie machen*
noi facciamo	*wir machen*
voi fate	*ihr macht*
loro fanno	*sie machen*

Wenn es um die Temperatur der Umgebung geht, wird **fare** verwendet. **È freddo/caldo** (mit dem Verb **essere**) sagt man über etwas, das kalt oder warm ist: **Il caffè è freddo**. *Der Kaffee ist kalt.*

In Verbindung mit dem Verb **fare** gibt es wie auch mit **avere** viele idiomatische Wendungen. In dieser unità haben wir kennengelernt:

fare la spesa	*einkaufen*
fare uno sconto	*einen Rabatt gewähren*
fa caldo/freddo	*es ist warm/kalt*
fa buio	*es ist dunkel*
fare la doccia/il bagno	*duschen/baden*
fare colazione	*frühstücken*
fare le valigie	*die Koffer packen*
fare silenzio	*still sein*
fare rumore	*Lärm machen*

Fare wird oft mit Bezeichnungen für Sportarten benutzt: **fare pilates** *Pilates machen*, **fare yoga** *Yoga machen*, **fare ginnastica** *Gymnastik machen*. Wie im Deutschen braucht man hier keinen Artikel.

Zu den Substantiven *Mittagessen* **pranzo** und *Abendessen* **cena** gehören spezielle Verben: **pranzare** *zu Mittag essen* und **cenare** *zu Abend essen*. Und wie sagt man *Ich mache Frühstück*? **Preparo la colazione.**

Die Konstruktion **fare** + bestimmter Artikel + Berufsbezeichnung entspricht von der Bedeutung her den Ausdrücken mit dem Verb **essere**, wie z. B. im Satz **Luca è medico** – der Unterschied ist, dass nach **fare** der bestimmte Artikel stehen muss.

1. Ich sage nichts.
2. Was sagt Mama?
3. Sie sagt ja/nein.
4. Wir sagt man *Buch* auf Französisch?
5. Wir sagen immer die Wahrheit.
6. Pinocchio lügt.
7. Ehrlich gesagt [um die Wahrheit zu sagen] ...
8. Ich gebe dir einen Rat.
9. Die Fenster gehen zur Straße.
10. Luca gibt Maria die Blumen.
11. Hörst du auf mich?
12. Trinkst du Wein?
13. Was trinkst du?
14. Wir trinken zu viel.
15. Habt ihr etwas zu trinken?
16. Bleiben wir hier oder fahren wir?
17. Wer bleibt, und wer geht weg?
18. Ich bleibe!

1. Non dico nulla/niente.
2. Che cosa dice la mamma?
3. Dice di sì/no.
4. Come si dice *libro* in francese?
5. Diciamo sempre la verità.
6. Pinocchio dice le bugie.
7. A dire la verità...
8. Ti do un consiglio.
9. Le finestre danno sulla strada.
10. Luca dà i fiori a Maria.
11. Mi dai retta?
12. Bevi il vino?
13. (Che) cosa bevi?
14. Beviamo troppo.
15. Avete qualcosa da bere?
16. Rimaniamo qui o partiamo?
17. Chi rimane e chi va via?
18. Io rimango!

Viele italienische Verben haben eine unregelmäßige Konjugation. Die wichtigsten von ihnen werden in dieser unità vorgestellt.

dire *sprechen*

io dico	*ich spreche*
tu dici	*du sprichst*
lui/lei/Lei dice	*er/sie spricht/Sie sprechen*
noi diciamo	*wir sprechen*
voi dite	*ihr sprecht*
loro dicono	*sie sprechen*

dare *geben*

io do	*ich gebe*
tu dai	*du gibst*
lui/lei/Lei dà	*er/sie gibt/Sie geben*
noi diamo	*wir geben*
voi date	*ihr gebt*
loro danno	*sie geben*

Bitte hier an den Akzent auf dem **a** denken. Ohne Akzent handelt es sich um eine Präposition: **da Roma** *aus Rom*.

Dare retta a qualcuno bedeutet *auf jemanden hören*.

bere *trinken*

io bevo	*ich trinke*
tu bevi	*du trinkst*
lui/lei/Lei beve	*er/sie trinkt/Sie trinken*
noi beviamo	*wir trinken*
voi bevete	*ihr trinkt*
loro bevono	*sie trinken*

rimanere *bleiben*

Unregelmäßig sind nur die Formen der 1. Pers. Sg. und 3. Pers. Pl.:

io rimango	*ich bleibe*
tu rimani	*du bleibst*
lui/lei/Lei rimane	*er/sie bleibt / Sie bleiben*
noi rimaniamo	*wir bleiben*
voi rimanete	*ihr bleibt*
loro rimangono	*sie bleiben*

19. Es reicht! Ich gehe hinaus. ....

20. Wann geht ihr aus? ....

21. Wir gehen gleich [in einem Augenblick] aus dem Haus. ....

22. Wir gehen schon seit einem Monat zusammen aus. ....

23. Morgen erscheint die neue CD von Jovanotti. ....

24. Ich steige ins Auto ein. ....

25. Wir steigen die Treppen hinauf. ....

26. Die Preise steigen. ....

27. Geht ihr zu Fuß hinauf? ....

28. Was wählst du aus? ....

29. Für den Urlaub wähle ich immer das Meer. ....

30. Wie wählt man ein Smartphone gut aus? ....

31. Am Meer sammle ich immer Muscheln und Steine. ....

32. Im Herbst sammeln wir Pilze. ....

33. Wann erntet ihr die Tomaten? ....

34. Luca und Stefano trinken wieder heiße Schokolade. ....

35. Ich gebe Luca einen Kuss. ....

36. Was sagen sie? Ich höre nichts. ....

19. Basta! Io esco.

20. Quando uscite?

21. Fra un momento usciamo di casa.

22. Usciamo insieme già da un mese.

23. Domani esce il nuovo CD di Jovanotti.

24. Salgo in macchina.

25. Saliamo le scale.

26. I prezzi salgono.

27. Salite a piedi?

28. Che cosa scegli?

29. Per le vacanze scelgo sempre il mare.

30. Come scegliere bene lo smartphone?

31. Al mare raccolgo sempre conchiglie e sassi/ciottoli.

32. In autunno raccogliamo i funghi.

33. Quando raccogliete i pomodori?

34. Luca e Stefano bevono di nuovo la cioccolata calda.

35. Do un bacio a Luca.

36. Che cosa dicono? Non sento nulla.

uscire *hinausgehen; weggehen*

io esco	*ich gehe hinaus*
tu esci	*du gehst hinaus*
lui/lei/Lei esce	*er/sie geht hinaus/Sie gehen hinaus*
noi usciamo	*wir gehen hinaus*
voi uscite	*ihr geht hinaus*
loro escono	*sie gehen hinaus*

salire *(hoch)steigen, einsteigen; ansteigen*
Nicht regelmäßig sind nur die Formen der 1. Pers. Sg. und 3. Pers. Pl.
(wie bei dem Verb **rimanere**):

io salgo	*ich steige ein*
tu sali	*du steigst ein*
lui/lei/Lei sale	*er/sie steigt ein/Sie steigen ein*
noi saliamo	*wir steigen ein*
voi salite	*ihr steigt ein*
loro salgono	*sie steigen ein*

scegliere *auswählen*
Die Unregelmäßigkeit betrifft die Reihenfolge von **g** und **l** sowie die sich daraus ergebende Aussprache.

io scelgo	*ich wähle aus*
tu scegli	*du wählst aus*
lui/lei/Lei sceglie	*er/sie wählt aus/Sie wählen aus*
noi scegliamo	*wir wählen aus*
voi scegliete	*ihr wählt aus*
loro scelgono	*sie wählen aus*

Wie **scegliere** wird auch das Verb **raccogliere** *sammeln, ernten* konjugiert:

io raccolgo	*ich sammle*
tu raccogli	*du sammelst*
lui/lei/Lei raccoglie	*er/sie sammelt/Sie sammeln*
noi raccogliamo	*wir sammeln*
voi raccogliete	*ihr sammelt*
loro raccolgono	*sie sammeln*

1. Ich schalte das Licht aus und wir gehen schlafen. ....
2. Vielleicht schalten wir den Fernseher aus und reden? ....
3. Schaltest du im Theater das Handy immer aus? ....
4. Die Feuerwehr löscht das Feuer. ....
5. Ich bin auf Diät und sterbe vor Hunger. ....
6. Dante Alighieri stirbt mit 56 Jahren in Ravenna. ....
7. Die Hoffnung stirbt zuletzt. ....
8. Wenn ein Kind geboren wird, ändert sich das Leben. ....
9. Wir werden alleine geboren und sterben alleine. ....
10. Alle sitzen bereits im Publikum. ....
11. Opa Lorenzo sitzt im Sessel und hört Radio. ....
12. Luca und Stefano sitzen immer in der ersten Reihe. ....
13. Wir nehmen den Schirm, weil es regnet. ....
14. Es hagelt! Ich schließe das Fenster! ....
15. In Rom schneit es selten. ....
16. Es donnert und blitzt, und ich bin alleine zu Hause und habe Angst. ....
17. Es regnet in Strömen. ....
18. Nein, heute schneit es nicht. ....

1. Spengo la luce e andiamo a dormire.
2. Forse spegniamo la televisione e parliamo?
3. Spegni sempre il cellulare a teatro?
4. I pompieri spengono il fuoco.

spegnere *ausschalten*

io spengo	*ich schalte aus*
tu spegni	*du schaltest aus*
lui/lei/Lei spegne	*er/sie schaltet aus/Sie schalten aus*
noi spegniamo	*wir schalten aus*
voi spegnete	*ihr schaltet aus*
loro spengono	*sie schalten aus*

5. Sono a dieta e muoio di fame.
6. Dante Alighieri muore a 56 anni a Ravenna.
7. La speranza è l'ultima a morire.

morire *sterben*

io muoio	*ich sterbe*
tu muori	*du stirbst*
lui/lei/Lei muore	*er/sie stirbt/Sie sterben*
noi moriamo	*wir sterben*
voi morite	*ihr sterbt*
loro muoiono	*sie sterben*

8. Quando nasce un bambino, la vita cambia.
9. Nasciamo soli e moriamo soli.

Das Verb **nascere** *geboren werden* wird regelmäßig konjugiert. Zu beachten ist aber die Aussprache der Buchstaben **sc**: in der 1. Pers. Sg. und 3. Pers. Pl. (**nasco, nascono**) werden sie hart [**sk**] gesprochen, im Infinitiv und in den übrigen Formen hingegen als Zischlaut [**ʃ**].

10. Tutti siedono già in platea.
11. Nonno Lorenzo siede in poltrona e ascolta la radio.
12. Luca e Stefano siedono sempre in prima fila.

sedere *sitzen*

io siedo	*ich sitze*
tu siedi	*du sitzt*
lui/lei/Lei siede	*er/sie sitzt/Sie sitzen*
noi sediamo	*wir sitzen*
voi sedete	*ihr sitzt*
loro siedono	*sie sitzen*

13. Prendiamo l'ombrello perché piove.
14. Grandina! Chiudo la finestra!
15. A Roma raramente nevica.
16. Tuona e lampeggia e io sono solo/a a casa e ho paura.
17. Piove a dirotto!
18. No, oggi non nevica.

Verben, die das Wetter beschreiben, treten nur in der 3. Pers. Sg. auf (ausgenommen ist hier der metaphorische Gebrauch). Im Italienischen wird für jede Niederschlagsart ein spezielles Verb verwendet:
piove *es regnet* (von **piovere**)
nevica *es schneit* (von **nevicare**)
grandina *es hagelt* (von **grandinare**).
Ebenfalls nur in der 3. Pers. Sg. werden andere Verben für atmosphärische Erscheinungen gebraucht:
lampeggia *es blitzt* (von **lampeggiare**)
tuona *es donnert* (von **tuonare**).

19. Ich koche die Suppe eine Stunde lang auf niedriger Flamme. ....

20. Spaghetti sind in acht Minuten gar [gekocht]. ....

21. Der Koch gart den Blumenkohl im Dampf. ....

22. Was kochen wir heute zu Mittag? ....

23. Ich übersetze den Text vom Deutschen ins Italienische. ....

24. Wir übersetzen Wörter und Sätze. ....

25. Was übersetzen Luca und Stefano? ....

26. Die Fabrik produziert Pasta. ....

27. Was stellt ihr her? ....

28. Was hältst du in der Hand? ....

29. Ich halte die Unterlagen in Ordnung. ....

30. Wir halten den Platz für Luca frei. ....

31. Die Mutter hat das Kind auf dem Arm. ....

32. Die Mutter hält das Kind an der Hand. ....

33. Ich schalte den Fernseher aus, schalte italienisches Radio ein und übersetze die Sätze. ....

34. Wir übersetzen die Sätze, weil wir Italienisch lernen wollen. ....

35. Ich sterbe vor Durst. ....

36. Wir schalten den Computer nicht aus. ....

19. Cuocio la minestra a fuoco lento per un'ora.
20. Gli spaghetti cuociono in otto minuti.
21. Il cuoco cuoce il cavolfiore al vapore.
22. Che cosa cuciniamo oggi per pranzo?
23. Traduco il testo dal tedesco all'italiano.
24. Traduciamo parole e frasi.
25. Che cosa traducono Luca e Stefano?
26. La fabbrica produce la pasta.
27. Che cosa producete?
28. Che cosa tieni in mano?
29. Tengo i documenti in ordine.
30. Teniamo il posto per Luca.
31. La mamma tiene il bambino in braccio.
32. La mamma tiene il bambino per mano.
33. Spengo la tv, accendo la radio italiana e traduco le frasi.
34. Traduciamo le frasi perché vogliamo imparare l'italiano.
35. Muoio di sete.
36. Non spegniamo il computer.

cuocere *kochen, backen*

io cuocio	*ich koche*
tu cuoci	*du kochst*
lui/lei/Lei cuoce	*er/sie kocht/Sie kochen*
noi cuociamo	*wir kochen*
voi cuocete	*ihr kocht*
loro cuociono	*sie kochen*

Im Italienischen gibt es zwei Verben, die man mit *kochen* übersetzen kann. **Cuocere** bezieht sich auf die Prozesse, die mit Wärmezufuhr zu tun haben: **cuocere a fuoco lento/vivo** *auf kleiner Flamme/bei starker Hitze kochen*; **cuocere la ministra** *Suppe kochen*.
Cucinare (ein regelmäßiges Verb der 1. Konjugation) bezieht sich dagegen auf die Zubereitung von Speisen:
Mi piace cucinare *Ich koche gern*; **Che cosa cucini per pranzo?** *Was kochst du zu Mittag?*

tradurre *übersetzen*

io traduco	*ich übersetze*
tu traduci	*du übersetzt*
lui/lei/Lei traduce	*er/sie übersetzt/Sie übersetzen*
noi traduciamo	*wir übersetzen*
voi traducete	*ihr übersetzt*
loro traducono	*sie übersetzen*

Nach dem Schema von **tradurre** wird auch **produrre** *produzieren* konjugiert:

io produco	*ich produziere*
tu produci	*du produzierst*
lui/lei/Lei produce	*er/sie produziert/Sie produzieren*
noi produciamo	*wir produzieren*
voi producete	*ihr produziert*
loro producono	*sie produzieren*

tenere *halten*

io tengo	*ich halte*
tu tieni	*du hältst*
lui/lei/Lei tiene	*er/sie hält/Sie halten*
noi teniamo	*wir halten*
voi tenete	*ihr haltet*
loro tengono	*sie halten*

Vogliamo *wir wollen* kommt vom Verb **volere** *wollen*. Mehr über Modalverben in unità 17.

1. Wir müssen schon gehen. ....
2. Leider muss ich weggehen. ....
3. Wann müssen wir abreisen? ....
4. Ihr müsst bis morgen mit der Arbeit fertig sein. ....
5. Musst du so viel reden? ....
6. Du musst nichts sagen. ....
7. Wir müssen reden. ....
8. Heute müssen wir gewinnen! ....
9. Die Mädchen kommen nicht, weil sie lernen müssen. ....
10. Könnt ihr einen Moment warten? ....
11. Ich kann heute wirklich nicht kommen. ....
12. Entschuldigen Sie bitte [an eine Frau gewandt], können wir reinkommen? ....
13. Entschuldigen Sie, darf ich bitte durchgehen? ....
14. Kannst du bitte das Fenster öffnen? ....
15. Luca, kannst du für mich zahlen? ....
16. Können Sie die Tür schließen? ....
17. Er/Sie kann anfangen. ....
18. Mein Telefon ist kaputt. Ich kann keine SMS versenden. ....

1. Dobbiamo già andare.
2. Purtroppo devo uscire.
3. Quando dobbiamo partire?
4. Dovete finire il lavoro entro domani.
5. Devi parlare così tanto?
6. Non devi dire nulla.
7. Dobbiamo parlare.
8. Oggi dobbiamo vincere!
9. Le ragazze non vengono perché devono studiare.
10. Potete aspettare un momento?
11. Davvero, oggi non posso venire.
12. Scusi signora, possiamo entrare?
13. Scusi, posso passare?
14. Puoi aprire la finestra, per favore?
15. Luca, puoi pagare per me?
16. Può chiudere la porta?
17. Può cominciare.
18. Il mio telefono è rotto. Non posso inviare SMS.

Modalverben treten in der Regel in Verbindung mit einem anderen Verb im Infinitiv auf: **Devo andare** *Ich muss gehen*. Ihre Konjugation ist unregelmäßig.

dovere *müssen*

io devo	*ich muss*
tu devi	*du musst*
lui/lei/Lei deve	*er/sie muss/Sie müssen*
noi dobbiamo	*wir müssen*
voi dovete	*ihr müsst*
loro devono	*sie müssen*

Das Verb **parlare** in der Bedeutung *sprechen, reden* verweist auf den Sprechvorgang selbst, auf den Gebrauch von Sprache. **Dire** *sagen* erfordert eine Ergänzung, was gesprochen wird (selbst wenn es *nichts* ist wie in Satz 6).

potere *können*

io posso	*ich kann*
tu puoi	*du kannst*
lui/lei/Lei può	*er/sie kann/Sie können*
noi possiamo	*wir können*
voi potete	*ihr könnt*
loro possono	*sie können*

Auch bei der Höflichkeitsform **Scusi!** *Entschuldigen Sie!* lässt man das Personalpronomen (hier: *Sie*) weg. Es genügt das Verb in der 3. Pers. Sg. (hier in der Imperativform des Verbs **scusare**). Mehr über den Imperativ in den unità 29 und 30.

Zu einem Mobiltelefon kann man auch **il telefonino** (die Verkleinerungsform von **il telefono**) oder **il cellulare** sagen.

19. Ich will Ruhe! ....

20. Ich will nicht, aber ich muss. ....

21. Wollt ihr ein bisschen Kuchen? ....

22. Opa Lorenzo und Oma Sofia wollen ans Meer fahren. ....

23. Möchtest du einen Kaffee? ....

24. Ich habe Bauchschmerzen, ich möchte einen Kamillentee. ....

25. Was wollt ihr heute tun, liebe Kinder? ....

26. Ich hab' dich lieb, Mama! ....

27. Ich will nicht essen, Oma. Ich habe keinen Hunger. ....

28. Kannst du tanzen? ....

29. Die Kinder können schon lesen und schreiben. ....

30. Stefano kann nicht kochen, aber er macht sehr guten Kaffee. ....

31. Weißt du, ich möchte nicht abreisen. ....

32. Weißt du, wo Luca ist? ....

33. Das weiß ich leider nicht. ....

34. Wie ihr wisst, müssen wir viel arbeiten. ....

35. Du musst wissen, dass die Lage schwierig ist. ....

36. Was müssen wir wissen? ....

19. Voglio silenzio!

20. Non voglio, ma devo.

21. Volete un po' di torta?

22. Nonno Lorenzo e nonna Sofia vogliono andare al mare.

23. Vuoi un caffè?

24. Ho mal di pancia, voglio una camomilla.

25. Che cosa volete fare oggi, cari bambini?

26. Ti voglio bene, mamma!

27. Non voglio mangiare, nonna. Non ho fame.

28. Sai ballare?

29. I bambini sanno già leggere e scrivere.

30. Stefano non sa cucinare, ma fa un caffè buonissimo.

31. Sai, non voglio partire.

32. Sai dov'è Luca?

33. Purtroppo non lo so.

34. Come sapete, dobbiamo lavorare tanto.

35. Devi sapere che la situazione è difficile.

36. Che cosa dobbiamo sapere?

volere *wollen*

io voglio	*ich will*
tu vuoi	*du willst*
lui/lei/Lei vuole	*er/sie will/Sie wollen*
noi vogliamo	*wir wollen*
voi volete	*ihr wollt*
loro vogliono	*sie wollen*

Auf Italienisch gibt es zwei verschiedene Arten, seine Liebe und Zuneigung auszudrücken: **ti amo** *ich liebe dich* sagt man zur geliebten Person; **ti voglio bene** *ich hab dich lieb* zu den Eltern, Geschwistern, Großeltern, einem Freund usw. (Die wörtliche Bedeutung ist: **voglio il tuo bene** *ich wünsche dir Gutes.*)

Das Verb **sapere** hat manchmal die Funktion eines Modalverbs und steht dann zusammen mit einem Infinitiv. Es wird gebraucht, um erlernte Fähigkeiten zu beschreiben: **so nuotare** *ich kann schwimmen*, **sapete ballare** *ihr könnt tanzen.*
Als Vollverb hat **sapere** die Bedeutung *wissen*, z. B. **so tutto** *ich weiß alles.*

sapere *können; wissen*

io so	*ich weiß*
tu sai	*du weißt*
lui/lei/Lei sa	*er/sie weiß/Sie wissen*
noi sappiamo	*wir wissen*
voi sapete	*ihr wisst*
loro sanno	*sie wissen*

Parole nuove

....

....

....

....

....

....

1. Ist heute Montag oder Dienstag? ....
2. Am Donnerstag ist kein Unterricht. ....
3. Dienstags gehe ich ins Schwimmbad und freitags ins Fitnessstudio. ....
4. Übermorgen kommt Luca zurück. ....
5. Ist das die Zeitung von gestern? ....
6. Morgen ist auch noch ein Tag [ein anderer Tag]. ....
7. Morgens esse ich nichts, weil ich keinen Appetit habe. ....
8. Am Sonntagnachmittag besuche ich Oma Sofia. ....
9. Es ist Mitternacht, gehen wir schlafen. ....
10. Im November bin ich immer traurig. ....
11. Im August fahren wir ans Meer. ....
12. Im September beginnt die Schule. ....
13. Im Winter fahre ich mit dem Auto, aber im Sommer nehme ich das Fahrrad. ....
14. Im Herbst essen wir oft Kürbiscremesuppe. ....
15. Der Sommer ist meine liebste Jahreszeit. ....
16. Im Frühling sieht alles schön aus. ....
17. Welcher Tag ist heute? ....
18. Heute ist der erste Mai. ....

1. Oggi è lunedì o martedì?
2. Giovedì non ci sono le lezioni.
3. Il martedì vado in piscina e il venerdì, in palestra.
4. Dopodomani torna Luca.
5. È il giornale di ieri?
6. Domani è un altro giorno.
7. La mattina non mangio nulla perché non ho appetito.
8. Domenica pomeriggio vado a trovare nonna Sofia.
9. È mezzanotte, andiamo a dormire.
10. A novembre sono sempre triste.
11. In agosto andiamo al mare.
12. A settembre comincia la scuola.
13. D'inverno vado in macchina, ma d'estate uso la bicicletta.
14. In autunno mangiamo spesso la crema di zucca.
15. L'estate è la mia stagione preferita.
16. In primavera tutto sembra bello.
17. Che giorno è oggi?
18. Oggi è il primo maggio.

Die Wochentage (**i giorni della settimana**) heißen auf Italienisch:

lunedì	*Montag*
martedì	*Dienstag*
mercoledì	*Mittwoch*
giovedì	*Donnerstag*
venerdì	*Freitag*
sabato	*Samstag*
domenica	*Sonntag*

Die Bezeichnungen für die Tage von Montag bis Freitag sind auf der letzten Silbe betont. Deshalb wird anstelle eines Punktes auf dem letzten **i** ein Akzent gesetzt: **ì**. Zusammen mit den Wochentagen wird keine Präposition verwendet. *Am Freitag* heißt einfach **venerdì.** Wenn den Wochentagen ein Artikel vorangeht, bedeutet das, dass es sich um jeden dieser Tage handelt: **il venerdì** heißt *freitags, jeden Freitag***.** Vgl. die Sätze 2 und 3. Alle Wochentage außer Sonntag sind männlich.

Die Tageszeiten heißen auf Italienisch:

la mattina/di mattina	*morgens, am Morgen, vormittags*
a mezzogiorno	*um zwölf Uhr mittags*
il pomeriggio/di pomeriggio	*nachmittags, am Nachmittag*
la sera/di sera	*abends, am Abend*
a mezzanotte	*um Mitternacht*

Il pomeriggio bedeutet *immer am Nachmittag, nachmittags*, dagegen sagt man für *am Nachmittag eines bestimmten Tages*: **nel pomeriggio**.
Pomeriggio kommt häufig auch in Verbindung mit einem Substantiv oder Adverb vor: **domenica pomeriggio** *am Sonntagnachmittag* oder **domani sera** *morgen Abend.*

Die Jahreszeiten (**le stagioni**) sind auf Italienisch: **la primavera, l'estate** (w.), **l'autunno, l'inverno**.
Inverno und **estate** gebraucht man häufig mit der Präposition **di** (vor einem Vokal zu **d'** gekürzt), **primavera** und **autunno** dagegen eher mit der Präposition **in**.

19. Lucas Geburtstag ist am 12. Mai. ....

20. Am 16. Februar kann ich nicht, ich habe bereits eine Verabredung. ....

21. Das nächste Treffen ist am Mittwoch, den 30. April. ....

22. Der 13. Juni ist ein Freitag. ....

23. Ich heirate Stefano am 15. Juli 2019. ....

24. Nächste Woche gehe ich nach Padua. ....

25. Wie spät ist es? ....

26. Es ist ein Uhr. ....

27. Es ist fünfzehn Uhr. ....

28. Es ist zwanzig nach zwei. ....

29. Es ist Viertel nach sechs, wir schlafen. ....

30. Es ist Punkt acht Uhr, fangen wir an! ....

31. Es ist zehn vor acht. ....

32. Wann fährt der Zug ab? ....

33. Der Zug fährt um halb drei ab. ....

34. Normalerweise esse ich um ein Uhr zu Mittag. ....

35. Noch eine Viertelstunde! ....

36. Nächsten Monat findet das Konzert von Nina Zilli statt! ....

19. Il compleanno di Luca è il 12 maggio.

20. Il 16 febbraio non posso, ho già un appuntamento.

21. La prossima riunione è mercoledì, il 30 aprile.

22. Il 13 giugno è venerdì.

23. Sposo Stefano il 15 luglio 2019.

24. La prossima settimana vado a Padova.

25. Che ore sono? / Che ora è?

26. È l'una.

27. Sono le quindici.

28. Sono le due e venti.

29. Sono le sei e un quarto, dormiamo.

30. Sono le otto in punto, cominciamo!

31. Sono le otto meno dieci.

32. A che ora parte il treno?

33. Il treno parte alle due e mezza.

34. Di solito pranzo all'una.

35. Ancora un quarto d'ora!

36. Il mese prossimo c'è il concerto di Nina Zilli!

Bei der Angabe des Datums nennt man im Italienischen zuerst den männlichen bestimmten Artikel **il**, danach den Tag mit der Grundzahl und darauf folgt dann der Monat: **il 4 (quattro) marzo 2019 (duemiladiciannove)** *der/am 4. März 2019.* Eine Ausnahme ist der Monatserste – hier wird die Ordnungszahl **primo** *erste(r)* gebraucht und nicht **uno**: **il 1 (primo) maggio** *der/am 1. Mai.*

Die Frage nach der Uhrzeit kann man im Singular oder im Plural stellen.

Bei der Angabe der Stunde werden die Grundzahlwörter mit dem bestimmten weiblichen Artikel angegeben:

l'una	*ein Uhr*
le due	*zwei Uhr*
le tre	*drei Uhr*

Wie auch im Deutschen kann man *ein Uhr* (**è l'una**) oder *dreizehn Uhr* (**sono le tredici**) sagen. *Ein Uhr* ist eine Singularform (deshalb das Verb **è** und der Artikel **l'**), alle anderen Angaben von Stunden stehen im Plural (mit dem Verb **sono** und dem Artikel **le**).

Die genaue Uhrzeit gibt man folgendermaßen an:

sono le quattro e dieci	*es ist zehn nach vier*
sono le sei meno cinque	*es ist fünf vor sechs*
sono le due e mezza	*es ist halb drei*
sono le nove e un quarto	*es ist Viertel nach neun*
sono le undici meno un quarto	*es ist Viertel vor elf*
sono le dodici in punto	*es ist Punkt zwölf Uhr*

Um auszudrücken, dass etwas zu einer bestimmten Uhrzeit stattfindet, verwendet man **alle** (Präposition **a** + Artikel **le**): **alle nove** *um neun (Uhr).* Einzige Ausnahme ist *um eins*: **all'una**.

1. Ich heiße Luca, und wie heißt du? ....
2. Samstags wache ich normalerweise um sieben Uhr auf, aber ich stehe erst um acht auf. ....
3. Wo bist du? Wo versteckst du dich? ....
4. Luca und Stefano treffen sich oft. ....
5. Was ziehe ich heute an? ....
6. Ich ziehe mich an und aus. ....
7. Du regst dich immer auf. ....
8. Was tun, wenn die Kinder sich langweilen? ....
9. Ich fühle mich schlecht. ....
10. Warum kämmst du dich nicht? ....
11. Amüsiert ihr euch? ....
12. Viele Menschen heiraten im August. ....
13. Schminkst du dich oft? ....
14. Morgens wasche ich mich und ziehe mich eilig an. ....
15. Wir treffen uns am Dienstag. ....
16. Übermorgen treffe ich mich mit Luca. ....
17. Schläfst du problemlos ein? ....
18. Ich schlafe im Stehen ein. ....

1. Io mi chiamo Luca, e tu come ti chiami?
2. Il sabato mi sveglio di solito alle sette, ma mi alzo solo alle otto.
3. Dove sei? Dove ti nascondi?
4. Luca e Stefano si incontrano spesso.
5. Che cosa mi metto oggi?
6. Mi vesto e mi spoglio.
7. Ti arrabbi sempre.
8. Che cosa fare quando i bambini si annoiano?
9. Mi sento male.
10. Perché non ti pettini?
11. Vi divertite?
12. Molte persone si sposano in agosto.
13. Ti trucchi spesso?
14. La mattina mi lavo e mi vesto in fretta.
15. Ci incontriamo martedì.
16. Dopodomani mi incontro con Luca.
17. Ti addormenti senza problemi?
18. Mi addormento in piedi.

Reflexive Verben enden auf **-arsi, -ersi** oder **-irsi**. Beim Infinitiv wird also das Reflexivpronomen **si** *sich* als letzte Silbe angehängt: **lavare** *waschen* – **lavarsi** *sich waschen*. Bei den finiten Formen steht das Reflexivpronomen jeweils vor dem Verb. Hier die einzelnen Formen am Beispiel von **lavarsi** *sich waschen*:

io mi lavo	*ich wasche mich*
tu ti lavi	*du wäschst dich*
lui/lei/Lei si lava	*er/sie wäscht sich/Sie waschen sich*
noi ci laviamo	*wir waschen uns*
voi vi lavate	*ihr wascht euch*
loro si lavano	*sie waschen sich*

Weitere wichtige reflexive Verben sind:

addormentarsi	*einschlafen*
alzarsi	*aufstehen*
annoiarsi	*sich langweilen*
arrabbiarsi	*sich ärgern*
chiamarsi	*heißen*
divertirsi	*sich amüsieren*
fermarsi	*anhalten, stehen bleiben*
incontrarsi	*sich treffen*
lavarsi	*sich waschen*
mettersi	*anziehen*
nascondersi	*sich verstecken*
pettinarsi	*sich kämmen*
rilassarsi	*sich entspannen*
sentirsi	*sich fühlen*
spogliarsi	*sich ausziehen*
sposarsi	*heiraten*
svegliarsi	*aufwachen*
truccarsi	*sich schminken*
vergognarsi	*sich schämen*
vestirsi	*sich anziehen*

Einige Verben sind im Italienischen reflexiv, aber im Deutschen nicht, z. B. **alzarsi** *aufstehen*, **chiamarsi** *heißen* und **svegliarsi** *aufwachen*. Das gibt es auch anders herum, z. B.: *sich unterhalten* **parlare, conversare**.

Wie im Deutschen gibt es auch im Italienischen Verben, die sowohl transitiv als auch reflexiv sein können: **lavare il bambino** *das Kind waschen* – **lavarsi** *sich waschen*.

19. Luca, du musst dich kämmen.

....

20. Wenn du ausspannen willst, musst du aufs Land gehen.

....

21. Ich kann mich nicht schminken.

....

22. Ich will nicht, ich kann nicht, ich schäme mich ...

....

23. Wenn ich koche, entspanne ich mich.

....

24. Ich rasiere mich jeden Morgen.

....

25. Wie heißt deine Freundin?

....

26. Entschuldigen Sie, wie heißen Sie?

....

27. Könnt ihr anhalten?

....

28. Halten wir hier an?

....

29. Wir bleiben drei Tage in Turin.

....

30. Du bist wunderschön, wenn du dich aufregst.

....

31. Morgen muss ich früh aufstehen.

....

32. Wohin setzt du dich?

....

33. Wir setzen uns alle zusammen an den Tisch und reden.

....

34. Kann ich mich hierhin setzen?

....

35. Ich esse einen Apfel.

....

36. Wann wacht ihr normalerweise auf?

....

19. Luca, ti devi pettinare.

20. Se vuoi rilassarti, devi andare in campagna.

21. Non so truccarmi.

22. Non voglio, non posso, mi vergogno...

23. Quando cucino, mi rilasso.

24. Mi rado ogni mattina.

25. Come si chiama la tua amica?

26. Scusi, come si chiama?

27. Vi potete fermare?

28. Ci fermiamo qui?

29. Ci fermiamo per tre giorni a Torino.

30. Sei bellissimo/a quando ti arrabbi.

31. Domani mi devo alzare presto.

32. Dove ti siedi?

33. Ci sediamo a tavola tutti insieme e parliamo.

34. Posso sedermi qui?

35. Mi mangio una mela.

36. A che ora vi svegliate di solito?

Wenn vor dem reflexiven Verb ein Modalverb wie **dovere, potere, volere** steht, gibt es zwei Möglichkeiten:

- das Reflexivpronomen vor die ganze Konstruktion zu stellen (wie in Satz 19)
- das Reflexivpronomen an den Infinitiv anzuhängen: **Luca, devi pettinarti**. Der Infinitiv verliert dabei seinen Endvokal **e**.

Sapere ist hier Modalverb, und das Reflexivpronomen **mi** wurde an den Infinitiv des Verbs **truccare** angehängt.

Anstelle von **radersi** kann man **farsi la barba** sagen, was wörtl. *sich den Bart machen* heißt: **Mi faccio la barba ogni mattina.**

Mit unbelebten Substantiven wird das Verb ohne Reflexivpronomen gebraucht: **Il treno ferma a Verona** *Der Zug hält in Verona.*

Das Verb **sedersi** *sich setzen* wird unregelmäßig konjugiert.

io mi siedo	*ich setze mich*
tu ti siedi	*du setzt dich*
lui/lei/Lei si siede	*er/sie setzt sich/Sie setzen sich*
noi ci sediamo	*wir setzen uns*
voi vi sedete	*ihr setzt euch*
loro si siedono	*sie setzen sich*

In der gesprochenen Sprache hört man auch oft den Gebrauch eines Reflexivpronomens in Verbindung mit manchem nicht reflexiven Verb. Der Sprechende drückt damit mehr emotionale Beteiligung und Genuss aus (vergleichbar mit der Ergänzung von *mir* im Deutschen): **ora mi bevo una birra** *ich gönne mir jetzt ein Bier*; **mi mangio un bel piatto di spaghetti** *ich gönne mir einen großen Teller Spaghetti.*

Parole nuove

....

....

1. Mein Hund heißt Pluto. ....

2. Unsere Stadt ist sehr schön. ....

3. Guten Tag, die Dame. Kann ich Ihren Ausweis sehen? ....

4. Deine Augen sind wunderschön. ....

5. Kommen eure Freunde heute Abend an? ....

6. Wo ist mein Geldbeutel?! ....

7. Ihre [Singular] Koffer sind schon fertig. ....

8. Hier bitte, Ihre Fahrkarte. ....

9. Hier bitte, Ihre Dokumente. ....

10. Unser Bett ist sehr bequem. ....

11. Ihr [Plural] Haus ist riesengroß! ....

12. Welches ist dein italienischer Lieblingssänger? ....

13. Meine Lieblingssängerin ist Giorgia. ....

14. Wem gehört diese Tasche? ....

15. Es ist meine! ....

16. Eure Probleme sind zu schwierig für mich. ....

17. Ich muss ihren [Plural] Hund spazieren führen. ....

18. Seine Ideen sind ein bisschen merkwürdig. ....

1. Il mio cane si chiama Pluto.
2. La nostra città è molto bella.
3. Buongiorno, signora. Posso vedere il Suo passaporto?
4. I tuoi occhi sono bellissimi.
5. I vostri amici arrivano stasera?
6. Dov'è il mio portafoglio?!
7. Le sue valigie sono già pronte.
8. Prego, ecco il suo biglietto.
9. Prego, ecco i suoi documenti.
10. Il nostro letto è molto comodo.
11. La loro casa è grandissima!
12. Qual è il tuo cantante italiano preferito?
13. La mia cantante preferita è Giorgia.
14. Di chi è questa borsa?
15. È mia!
16. I vostri problemi sono troppo difficili per me.
17. Devo portare a spasso il loro cane.
18. Le sue idee sono un po' strane.

Possessivpronomen dienen der Angabe von Zugehörigkeit oder Besitz und werden fast immer adjektivisch gebraucht. Ihre Form richtet sich wie bei Adjektiven nach Geschlecht und Zahl des Substantivs, das sie begleiten.

	Sg.
mio, mia	*mein(e)*
tuo, tua	*dein(e)*
suo, sua	*sein(e), ihr(e), Ihr(e)*
nostro, nostra	*unser(e)*
vostro, vostra	*euer, eure*
loro	*ihr(e)*
	Pl.
miei, mie	*meine*
tuoi, tue	*deine*
suoi, sue	*seine, ihre, Ihre*
nostri, nostre	*unsere*
vostri, vostre	*eure*
loro	*ihre*

Possessivpronomen werden gewöhnlich vom bestimmten Artikel begleitet: **il mio gatto** *meine Katze*, **la tua macchina** *dein Auto*.

Sie richten sich in Geschlecht und Zahl nach dem Besitz, nie nach dem Besitzer. Nur aus dem Kontext ist ersichtlich, ob man **la sua borsa** mit *seine Tasche*, *ihre Tasche* oder mit *Ihre Tasche* übersetzt bzw. **il suo portafoglio** mit *sein Portemonnaie*, *ihr Portemonnaie* oder mit *Ihr Portemonnaie*.

Eine Ausnahme bildet **loro**, das als einziges Possessivpronomen unveränderlich ist: **la loro casa** *ihr Haus* – **le loro case** *ihre Häuser*, **il loro cane** *ihr Hund* – **i loro cani** *ihre Hunde*.

19. Mein Vater ist Mechaniker.
....

20. Wo wohnt eure Oma?
....

21. Seine Frau ist blond.
....

22. Ihre [Plural] Cousine heiratet im Oktober.
....

23. Ihr [Plural] Großvater spielt oft Schach.
....

24. Mein kleiner Bruder ist erst drei Jahre alt.
....

25. Mein Großvater mütterlicherseits wohnt auf dem Land.
....

26. Ihr zweiter Ehemann ist ein sehr ruhiger Mensch.
....

27. Morgen kommt meine Tante aus München.
....

28. Trägt dein großer Bruder eine Brille?
....

29. Meine Mama möchte immer alles wissen.
....

30. Meine Großeltern haben sieben Enkel.
....

31. Deine Brüder spielen mit unserer kleinen Schwester Fußball.
....

32. Leider können unsere Eltern nicht kommen.
....

33. Ich gehe mit meinen Schwiegereltern in den Urlaub.
....

34. Ihre [Plural] Tochter ist schon dreizehn Jahre alt!
....

35. Ich treffe euren Sohn oft im Schwimmbad.
....

36. Kommen eure Kinder an Weihnachten?
....

19. Mio padre è meccanico.

20. Dove abita vostra nonna?

21. Sua moglie è bionda.

22. La loro cugina si sposa a ottobre.

23. Il loro nonno gioca spesso a scacchi.

24. Il mio fratellino ha solo tre anni.

25. Il mio nonno materno abita in campagna.

26. Il suo secondo marito è un uomo molto tranquillo.

27. Domani arriva la mia zia di Monaco.

28. Il tuo fratello maggiore porta gli occhiali?

29. La mia mamma vuole sapere sempre tutto.

30. I miei nonni hanno sette nipoti.

31. I tuoi fratelli giocano a calcio con la nostra sorella minore.

32. Purtroppo, i nostri genitori non possono venire.

33. Vado in vacanza con i miei suoceri.

34. La loro figlia ha già tredici anni!

35. Incontro spesso vostro figlio in piscina.

36. I vostri figli vengono per Natale?

Bei Verwandtschaftsbezeichnungen im Singular entfällt der Artikel.

Eine Ausnahme von der oben genannten Regel bildet das unveränderliche **loro**, das auch bei Verwandtschaftsbezeichnungen im Singular mit Artikel steht.

Der Artikel wird außerdem auch bei Verkleinerungsformen und bei Kosenamen in Bezug auf Familienmitglieder verwendet, z. B. **la tua sorellina** *dein Schwesterchen*, oder wenn die Verwandtschaftsbezeichnung von einer näheren Bestimmung ergänzt wird, wie z. B. bei **La mia cugina che vive a Berlino.** *Meine Cousine, die in Berlin lebt.* und bei **la mia terribile suocera** *meine schreckliche Schwiegermutter.*

Bei Bezeichnungen von Familienmitgliedern im Plural ist der Artikel vor dem Possessivpronomen obligatorisch.

Wenn man über die eigenen Eltern spricht, genügt auch der Ausdruck **i miei** ohne **genitori**: **I miei non possono venire.** *Meine Eltern können nicht kommen.* Oder: **I tuoi arrivano domani**. *Deine Eltern kommen morgen.*

Parole nuove

....

....

....

....

....

....

....

1. *Die unsichtbaren Städte* von Italo Calvino ist mein Lieblingsbuch. ....
2. Einen oder zwei Kaffee für Sie? ....
3. Hast du Neuigkeiten für mich? ....
4. Viele Studenten suchen sich ausländische Universitäten aus. ....
5. Glückwünsche an alle Väter! ....
6. Meine Lieblingssportarten sind Volleyball und Basketball. ....
7. Die Straßenbahnen in Rom haben immer Verspätung. ....
8. Am Wochenende möchte ich zwei Filme mit Roberto Benigni anschauen: *Das Leben ist schön* und *Der Tiger und der Schnee*. ....
9. Heute sind alle Bars geschlossen. ....
10. Wir wollen eure Fotos sehen! ....
11. Nehmen wir die Metro oder gehen wir zu Fuß? ....
12. Ich öffne die Augen, stehe auf und schalte das Radio ein. ....
13. Möchtest du ein neues oder ein gebrauchtes Auto kaufen? ....
14. Wie viele Kinos gibt es in Stuttgart? ....
15. Die Männer kommen vom Mars, die Frauen von der Venus. ....
16. Ein Roboter kann nicht so intelligent sein wie der Mensch. ....
17. Es sind viele Leute da, das Restaurant muss also gut sein! ....
18. Der Platz ist voller Menschen. ....

1. *Le città invisibili* di Italo Calvino è il mio libro preferito.
2. Un caffè o due (caffè) per Lei?
3. Hai delle novità per me?
4. Molti studenti scelgono le università straniere.
5. Auguri a tutti i papà!
6. I miei sport preferiti sono pallavolo e pallacanestro.
7. I tram a Roma sono sempre in ritardo.
8. Il fine settimana voglio guardare due film con Roberto Benigni: *La vita è bella* e *La tigre e la neve*.
9. Oggi tutti i bar sono chiusi.
10. Vogliamo vedere le vostre foto!
11. Prendiamo la metro o andiamo a piedi?
12. Apro gli occhi, mi alzo e accendo la radio.
13. Vuoi comprare un'auto nuova o usata?
14. Quanti cinema ci sono a Stoccarda?
15. Gli uomini vengono da Marte, le donne da Venere.
16. Un robot non può essere intelligente come l'uomo.
17. C'è tanta gente, allora il ristorante deve essere buono!
18. La piazza è piena di gente.

Einige italienische Substantive weisen bei der Pluralbildung Besonderheiten auf. Manche Substantive sind unveränderlich, sie haben also im Singular und Plural dieselbe Form. Andere wiederum haben im Singular und Plural unregelmäßige Formen. In dieser unità werden die gebräuchlichsten von ihnen vorgestellt.

Unveränderlich sind Substantive, die auf einen betonten Vokal enden: **caffè** *Kaffee*, **città** *Stadt*, **università** *Universität*.

Anstatt eines Artikels nimmt man hier zur Bezeichnung einer unbestimmten Menge im Plural den Teilungsartikel **delle**, siehe auch unità 9.

Auch Substantive, die auf einen Konsonanten enden, haben im Singular und im Plural die gleiche Form. Es handelt sich hierbei vor allem um Substantive, die ursprünglich als Fremdwörter ins Italienische aufgenommen wurden. Die meisten davon sind männlich: **il film - i film, il bar - i bar, lo sport - gli sport**.

Substantive, die durch Kürzung eines längeren Substantivs entstanden sind, behalten dessen Geschlecht und sind unveränderlich:

l'auto *das Auto* (von **l'automobile**, w.)	**le auto** *die Autos*
il cinema *das Kino* (von **il cinematografo**)	**i cinema** *die Kinos*
la foto *das Foto* (von **la fotografia**)	**le foto** *die Fotos*
la metro *die U-Bahn* (von **la metropolitana**)	**le metro** *die U-Bahnen*
la radio *das Radio* (von **la radiofonia**)	**le radio** *die Radios*

Das Substantiv **uomo** *Mann, Mensch* hat im Plural die unregelmäßige Form **uomini**.

Das Substantiv **la gente** in der Bedeutung *die Leute, die Menschen* steht immer im Singular.

19. Wo kann ich die Hände waschen? ....

20. Die Hand hat fünf Finger: den Daumen, den Zeigefinger, den Mittelfinger, den Ringfinger und den kleinen Finger. ....

21. Ich muss Eier kaufen, weil ich einen Nachtisch für Lucas Geburtstag machen möchte. ....

22. Möchtest du ein hart gekochtes oder ein weich gekochtes Ei? ....

23. Ich habe ein Problem. ....

24. Es ist ein echtes Drama! ....

25. Wo ist der Pilot? ....

26. Luca trägt einen gestreiften Pyjama. ....

27. Bruno Vespa ist ein berühmter italienischer Journalist. ....

28. Ich möchte Journalistin werden. ....

29. Meine Kollegin heißt Anna. ....

30. Wie heißt dein Kollege? ....

31. Die Touristen und Touristinnen warten in der Schlange. ....

32. Ich nehme zwei weiße und drei blaue Hemden. ....

33. Ich packe die Koffer und reise ab. ....

34. Wo kann ich sizilianische Orangen kaufen? ....

35. Das sind skandalöse Lügen! ....

36. Welche Apotheken sind sonntags geöffnet? ....

19. Dove posso lavare le mani?

20. La mano ha cinque dita: il pollice, l'indice, il medio, l'anulare e il mignolo.

21. Devo comprare le uova perché voglio fare un dolce per il compleanno di Luca.

22. Vuoi un uovo sodo o alla coque?

23. Ho un problema.

24. È un vero dramma!

25. Dov'è il pilota?

26. Luca porta un pigiama a righe.

27. Bruno Vespa è un famoso giornalista italiano.

28. Voglio fare la giornalista.

29. La mia collega si chiama Anna.

30. Come si chiama il tuo collega?

31. I turisti e le turiste aspettano in fila.

32. Prendo due camicie bianche e tre azzurre.

33. Faccio le valigie e parto.

34. Dove posso comprare le arance siciliane?

35. Sono bugie scandalose!

36. Quali farmacie sono aperte la domenica?

Das Substantiv **mano** *Hand* ist weiblich, obwohl es die für männliche Substantive typische Endung **-o** hat: **la mano** - **le mani**.

Das Substantiv **il dito** *der Finger* (m.) hat eine unregelmäßige Pluralform, weil es im Plural weiblich wird: **le dita** (w.).

Genauso verhält es sich bei: **l'uovo** *das Ei* (m.) - **le uova** *die Eier* (w.).

Einige Substantive auf **-a** sind männlich (obwohl diese Endung ein Merkmal weiblicher Substantive ist), wie z. B. **un problema** *ein Problem*. Diese männlichen Substantive auf **-a** bilden den Plural auf **-i**: **i problemi** *die Probleme*. So ist es auch bei:

il sistema *das System*	**i sistemi** *die Systeme*
il dramma *das Drama*	**I drammi** *die Dramen*
il tema *das Thema*	**i temi** *die Themen*
il poeta *der Dichter*	**i poeti** *die Dichter*
il pianeta *der Planet*	**i pianeti** *die Planeten*
il pilota *der Pilot*	**i piloti** *die Piloten*

Manche Berufsbezeichnungen, die auf **-a** enden, können im Singular sowohl männlich als auch weiblich sein: **il pianista** *der Pianist* - **la pianista** *die Pianistin*. Die Pluralendungen sind **-i** (bei Herren) und **-e** (bei Damen): **i pianisti** *die Pianisten* - **le pianiste** *die Pianistinnen*.

Substantive auf **-cia** und **-gia** mit unbetontem **-i-** haben im Plural:

- die Endung **-ce**, **-ge**, wenn im Singular vor **-c-** oder **-g-** ein Konsonant steht:
  la spiaggia - le spiagge
  la provincia - le province
- die Endung **-cie**, **-gie**, wenn im Sg. vor **-c-** oder **-g-** ein Vokal steht:
  la camicia - le camicie
  la valigia - le valigie

Beide Varianten werden jeweils gleich ausgesprochen, der Unterschied besteht lediglich in der Schreibung.

Bei Substantiven auf **-cia/-gia** mit betontem **-i-**, wird der Plural regelmäßig gebildet: **la farmacia** *die Apotheke* - **le farmacie** *die Apotheken*, **la bugia** *die Lüge* - **le bugie** die *Lügen*.

1. Dieses Mädchen ist wunderschön! ....

2. Luca, gehören diese Socken dir? ....

3. Dieses Spiel ist dumm und langweilig. ....

4. Möchtest du diese Schuhe? ....

5. In diesem Sommer fahren wir nach Italien. ....

6. In diesem Winter fahren wir nicht weg, wir bleiben zu Hause. ....

7. Heute Abend gehe ich mit Stefano aus. ....

8. Diese Männer haben keine Fahrkarte. ....

9. Ich kann jetzt gerade nicht. ....

10. Die Frau dort ist Frau Rossi. ....

11. Der Mann dort kann nicht tanzen. ....

12. Ich erinnere mich gut an jenen Tag. ....

13. Ich erinnere mich gut an jene grünen Augen. ....

14. Siehst du die roten Dächer dort in der Ferne? ....

15. Das ist mein Sohn. ....

16. Das ist meine Mama. ....

17. Möchtest du diesen hier oder den da? ....

18. Dieser Teller ist meiner und der dort ist deiner. ....

1. Questa ragazza è bellissima!
2. Luca, questi calzini sono tuoi?
3. Questo gioco è stupido e noioso.
4. Vuoi queste scarpe?
5. Quest'estate andiamo in Italia.
6. Quest'inverno non partiamo, rimaniamo a casa.
7. Stasera esco con Stefano.
8. Questi uomini non hanno il biglietto.
9. In questo momento non posso.
10. Quella donna è la signora Rossi.
11. Quell'uomo non sa ballare.
12. Ricordo bene quel giorno.
13. Ricordo bene quegli occhi verdi.
14. Vedi quei tetti rossi lì lontano?
15. Questo è mio figlio.
16. Questa è la mia mamma.
17. Vuoi questo o quello?
18. Questo piatto è mio e quello è tuo.

Die wichtigsten Demonstrativpronomen sind **questo** *dieser* und **quello** *jener, der dort/da*. **Questo** weist auf Personen, Dinge oder Sachverhalte in zeitlicher oder räumlicher Nähe hin. Werden sie adjektivisch gebraucht, richtet sich ihre Endung wie bei Adjektiven nach Geschlecht und Zahl des Bezugswortes. Man unterscheidet folglich vier Formen: **questo** und **questa** im Singular sowie **questi** und **queste** im Plural:
questo ragazzo *dieser Junge*
questa ragazza *dieses Mädchen*
questi ragazzi *diese Jungen*
queste ragazze *diese Mädchen*

Vor Substantiven, die mit einem Vokal beginnen, werden **questo** und **questa** apostrophiert, allerdings nur im Singular: **quest'attore** *dieser Schauspieler*, **quest'attrice** *diese Schauspielerin*.

Die Formen **stasera** *heute Abend*, **stamattina** *heute Morgen*, **stanotte** *heute Nacht* setzen sich zusammen aus dem gekürzten Demonstrativpronomen **questa** und dem entsprechenden Substantiv: **stasera** = **(que)sta sera**; **stamattina** = **(que)sta mattina**; **stanotte** = **(que)sta notte**.

Quello bezieht sich auf Personen, Dinge oder Sachverhalte, die sich in einer gewissen räumlichen oder zeitlichen Entfernung vom Sprechenden oder Gesprächspartner befinden. Vor einem Substantiv nimmt es dieselben Endungen wie der bestimmte Artikel an:
m.
quel ragazzo - quei ragazzi (wie **il - i**)
quello zaino - quegli zaini (wie **lo - gli**)
quell'attore - quegli attori (wie **l' - gli**)
w.
quella ragazza - quelle ragazze (wie **la - le**)
quell'attrice - quelle attrici (wie **l' - le**)

Questo und **quello** kommen auch als selbstständige Pronomen vor, allerdings nur in den Formen **questo**, **questa**, **questi** und **queste** bzw. **quello**, **quella**, **quelli** und **quelle**. Übersetzt werden sie in diesem Fall *mit der/die/das (hier)* und *der/die/das (da/dort)*.

19. Was für ein schöner Tag! ....

20. Was tun, um schöne Haare zu bekommen? ....

21. Es ist ein schöner Film. ....

22. Luca ist ein schöner Mann. ....

23. Studierst du Malerei an der Akademie der schönen Künste? ....

24. Klein ist schön. ....

25. Guten Tag! ....

26. Danke für die guten Nachrichten. ....

27. Es ist ein guter Wein und ein guter Jahrgang. ....

28. Stefano ist wirklich ein guter Freund. ....

29. Die Dinge laufen nicht gut, aber ich mache gute Miene zum bösen Spiel. ....

30. Ich weiß, dass deine Absichten gut sind. ....

31. Viel Glück! ....

32. Schöne Ferien! ....

33. Wir besichtigen die Kirche Sant'Agostino und das Kloster San Gregorio. ....

34. Luca hat ein großes Herz. ....

35. Er ist ein großer Künstler. ....

36. Stefano ist ein großer Schwätzer. ....

19. Che bella giornata!

20. Che cosa fare per avere dei bei capelli?

21. È un bel film.

22. Luca è un bell'uomo.

23. Studi pittura all'accademia di belle arti?

24. Piccolo è bello.

25. Buon giorno!

26. Grazie per le buone notizie.

27. È un buon vino e una buona annata.

28. Stefano è veramente un buon amico.

29. Le cose non vanno bene, ma faccio buon viso a cattivo gioco.

30. So che le tue intenzioni sono buone.

31. Buona fortuna!

32. Buone vacanze!

33. Visitiamo la chiesa di Sant'Agostino e il monastero di San Gregorio.

34. Luca ha un gran cuore.

35. È un grande artista.

36. Stefano è un gran chiacchierone.

Das Adjektiv **bello** *schön* als Attribut vor einem Substantiv hat (wie auch **quello**) die gleichen Endungen wie ein bestimmter Artikel:
m.
bel ragazzo - bei ragazzi (wie **il - i**)
bello zaino - begli zaini (wie **lo - gli**)
bell'attore - begli attori (wie **l' - gli**)
w.
bella ragazza - belle ragazze (wie **la - le**)
bell'attrice - belle attrici (wie **l' - le**).

Bello kann auch eine verstärkende Funktion haben: **un bel problema** *ein ganz schön großes Problem*; **fa un bel caldo** *es ist ganz schön heiß*.

Das Adjektiv **buono** *gut* hat im Singular vor einem Substantiv die gleichen Endungen wie ein unbestimmter Artikel:
m.
buon libro (wie **un**) **- buoni libri**
buono stipendio (wie **uno**) **- buoni stipendi**
buon amico (wie **un** vor Vokal) **- buoni amici**
w.
buona persona (wie **una**) **- buone persone**
buon'amica (wie **un'**) **- buone amiche**

Steht **buono** nach einem Substantiv hat es nicht die Endungen eines unbestimmten Artikels, sondern passt nur den Endbuchstaben an Geschlecht und Zahl des Substantivs an: **buono/buona** im Singular und **buoni/buone** im Plural: **Questo vino non è buono**. *Dieser Wein ist nicht gut.*

Analog werden folgende Wünsche gebildet: **Buon Natale!** *Frohe Weihnachten!*, wörtl. *Gute Weihnachten!*; **Buona Pasqua!** *Frohe Ostern!*; **Buone feste!** *Frohes Fest!*; **Buon fine settimana!** *Schönes Wochenende!*

Vor einem männlichen Heiligennamen, der mit Konsonant beginnt (außer vor **s** + Konsonant), wird **santo** *heilig* zu **san** gekürzt (**San Lorenzo**, aber: **Santo Stefano**). Vor männlichen und weiblichen Namen, die mit Vokal beginnen, werden **santo** und **santa** zu **sant'**: **Sant'Antonio, Sant'Agata**.
Grande *groß* kann vor einem Substantiv im Singular folgendermaßen gekürzt werden: **grande/gran cuore, grande/grand'attore**.

1. Im Juli fahren wir nach Italien, nach Verona. ....
2. Ich singe Luca ein Lied. ....
3. Wir wünschen allen schöne Feiertage! ....
4. Ich schicke die Rosen meiner Oma. ....
5. Abends denke ich immer an Luca. ....
6. Ich schreibe Luca eine SMS und rufe Maria an. ....
7. Die Rossis haben ein Haus auf Sardinien. ....
8. Essen wir in der Küche oder im Wohnzimmer? ....
9. Im Winter fahren wir in die Berge. ....
10. Ich wohne in der Via San Gallo 18. ....
11. Ich möchte nicht mit dem Zug fahren, ich reise lieber im Flugzeug. ....
12. Wir wohnen in der Stadt und unsere Eltern leben auf dem Land. ....
13. Luca, es ist halb eins und du bist noch immer im Schlafanzug? ....
14. Ich komme morgen zu dir. ....
15. Von welchem Gleis fährt der Zug ab? ....
16. Ich wohne seit einem Jahr in Florenz. ....
17. Im Sommer gehe ich nicht ohne Sonnenbrille aus dem Haus. ....
18. Wir haben viel zu tun. ....

1. A luglio andiamo in Italia, a Verona.
2. Canto una canzone a Luca.
3. Auguriamo a tutti buone feste!
4. Mando le rose a mia nonna.
5. La sera penso sempre a Luca.
6. Scrivo un SMS a Luca e telefono a Maria.
7. I signori Rossi hanno una casa in Sardegna.
8. Mangiamo in cucina o in salotto?
9. D'inverno andiamo in montagna.
10. Abito in Via San Gallo 18.
11. Non voglio viaggiare in treno, preferisco andare in aereo.
12. Noi abitiamo in città e i nostri genitori vivono in campagna.
13. Luca, sono le dodici e mezza e tu ancora in pigiama?
14. Vengo da te domani.
15. Da quale binario parte il treno?
16. Abito a Firenze da un anno.
17. D'estate non esco di casa senza gli occhiali da sole.
18. Abbiamo tante cose da fare.

Im Italienischen werden Präpositionen sehr oft und in vielen verschiedenen Zusammenhängen gebraucht. Die wichtigsten von ihnen sind: **a, con, da, di, fra/tra, in, per, su**. Da es keine Eins-zu-eins-Entsprechung zwischen den italienischen und deutschen Präpositionen gibt, muss man die einzelnen Ausdrücke näher betrachten, in denen sie verwendet werden.
Diese unità behandelt die wichtigsten Ausdrücke mit den Präpositionen **a, da, di, in** ohne Artikel (zum Gebrauch mit Artikel siehe unità 25 und 26) sowie mit den Präpositionen **per** und **fra/tra**.

Ausdrücke mit der Präposition **a**:
- **a casa** – *zu Hause/nach Hause*
- **a** + Name einer Stadt: **a Roma** *in Rom/nach Rom*
- **andare** + **a** + Infinitiv: **vado a dormire** *ich gehe schlafen*
- **cominciare** + **a** + Infinitiv: **comincio a studiare** *ich fange an zu lernen*
- **a** + Monatsname: **a luglio** *im Juli*
- **a** + Person (entspricht dem deutschen Dativ: wem?): **do il libro a Luca** *ich gebe Luca das Buch*

Ausdrücke mit der Präposition **in**:
- **in** + Name eines Landes, einer Region, einer Insel: **in Italia** *in Italien/nach Italien*, **in Puglia** *in Apulien/nach Apulien*
- **in** + Verkehrsmittel: **andare in macchina** *Auto fahren*
- **in** + Ortsname: **in biblioteca** *in der/in die Bibliothek*, **in aeroporto** *auf dem Flughafen*, **in cucina** *in der/in die Küche*
- **in** + **via** *Straße* + Name: **in via Giuseppe Verdi** *in der Via Giuseppe Verdi*

Ausdrücke mit der Präposition **da**:
- **venire** + **da** + Name einer Stadt: **vengo da Roma** *ich komme aus Rom*
- **da** + Person: **da Luca** *bei/zu Luca*
- **da** + Zeitbestimmung: **da ieri** *seit gestern*; **da due ore** *seit zwei Stunden*
- **da** + Infinitiv/Substantiv (bezeichnet den Zweck einer Sache): **macchina da scrivere** *Schreibmaschine*; **sala da pranzo** *Speisesaal* (wörtl. *Saal zum Mittagessen*); **tante cose da fare** *viel zu tun*

19. - Woher seid ihr? - Wir sind aus Bergamo. ....

20. Meine Katze schläft nachts nicht und will hinaus. ....

21. Wenn ich morgens aufwache, fühle ich mich immer voller Energie. ....

22. Sie ist ein siebenjähriges Mädchen. ....

23. Ein Kilo Äpfel, zehn Eier und einen Liter Milch, bitte. ....

24. Wie viel kann ein Ring aus Gold kosten? ....

25. Wann hörst du auf zu schreiben? ....

26. Es ist ein Geschenk für dich. ....

27. Der Arno fließt durch Florenz und durch Pisa. ....

28. Ich möchte die ganze Nacht durchtanzen! ....

29. Domenico Dolce und Stefano Gabbana stellen die neue Kollektion für den Herbst 2019 vor. ....

30. Abends trinke ich ein Glas Milch, um gut zu schlafen. ....

31. Können wir einen Moment anhalten? ....

32. Wir heiraten in einem Jahr. ....

33. In einer Woche verreise ich nach Deutschland. ....

34. Wir sind auf halbem Weg zwischen Mailand und Turin. ....

35. Unter den Gästen ist auch Herr Bianchi aus Neapel. ....

36. Morgen bin ich zwischen dreizehn Uhr und vierzehn Uhr fünfzehn frei. ....

19. – Di dove siete? – Siamo di Bergamo.

20. Il mio gatto non dorme di notte e vuole uscire.

21. Quando mi sveglio di mattina, mi sento sempre pieno di energia.

22. È una bambina di sette anni.

23. Un chilo di mele, dieci uova e un litro di latte, per favore.

24. Quanto può costare un anello d'oro?

25. Quando finisci di scrivere?

26. È un regalo per te.

27. L'Arno passa per Firenze e per Pisa.

28. Voglio ballare per tutta la notte!

29. Domenico Dolce e Stefano Gabbana presentano la nuova collezione per l'autunno 2019.

30. La sera bevo un bicchiere di latte per dormire bene.

31. Possiamo fermarci per un momento?

32. Ci sposiamo tra un anno.

33. Fra una settimana parto per la Germania.

34. Siamo a metà strada tra Milano e Torino.

35. Tra gli ospiti c'è anche il signor Bianchi di Napoli.

36. Domani sono libero fra le tredici e le quattordici e un quarto.

Ausdrücke mit der Präposition **di**:
- **essere** + **di** + Name einer Stadt (bezeichnet Herkunft): **sono di Pisa** *ich bin aus Pisa*; **è di Milano** *er/sie ist aus Mailand*
- **di** + Name einer Person (bezeichnet Zugehörigkeit/Besitz): **il libro di Luca** *Lucas Buch*; **il figlio di Maria** *Marias Sohn*
- **di** + Materialbezeichnung: **di legno** *aus Holz*; **di metallo** *aus Metall*
- **finire** + **di** + Infinitiv *aufhören etw. zu tun*: **finisco di lavorare** *ich höre auf zu arbeiten*

Vor einem Vokal kann **di** zu **d'** gekürzt werden: **d'estate, d'inverno, d'acqua**.

Die Präposition **per** kommt dem deutschen *für* sehr nahe: **un regalo per Luca** *ein Geschenk für Luca*; **per me** *für mich*, **per te** *für dich*.
Weitere Anwendungsbeispiele:
- mit dem Verb **partire**: **parto per Roma** *ich fahre nach Rom*; **partiamo per la Sicilia** *wir fahren nach Sizilien*; in Verbindung mit Verkehrsmitteln: **il treno per Firenze** *der Zug nach Florenz*
- mit dem Verb **passare** in der Bedeutung *durchqueren*: **passare per Roma** *über Rom fahren /durch Rom fließen*
- **per** + Zeitbestimmung: **per tre ore** *drei Stunden lang*; **per tutta la vita** *zeitlebens*

Die Präpositionen **fra** und **tra** haben dieselbe Bedeutung und sind austauschbar, vor allem dann, wenn zwei gleiche Laute aufeinanderstoßen. Deshalb sagt man **fra tre settimane** anstatt **tra tre settimane**.
Fra und **tra** kann man übersetzen mit:
- *zwischen*: **tra Roma e Firenze** *zwischen Rom und Florenz*; **fra gli alberi** *zwischen den Bäumen*; **tra gli amici** *unter/zwischen den Freunden*
- *in* (zur Bezeichnung einer Zeitspanne bzw. Entfernung): **fra un'ora** *in einer Stunde*; **tra cento metri** *in hundert Metern*

1. Er lebt noch bei seinen Eltern. ....

2. Ich trinke Tee mit Zitrone. ....

3. Ich gehe mit dem Hund raus. ....

4. Warum schreibst du immer mit dem Bleistift und nicht mit dem Füller? ....

5. - Luca, kommst du zum Abendessen?
   - Mit Vergnügen! ....

6. Möchtest du den Kaffee mit Milch oder ohne (Milch)? ....

7. Ich kann nicht ohne dich leben. ....

8. Ich schreibe auf ein Blatt die Dinge, die zu erledigen sind. ....

9. Der Laden ist rund um die Uhr geöffnet. ....

10. Zwei von fünf Personen haben keinen Fernseher zu Hause. ....

11. Bleibst du unten oder kommst du hoch? ....

12. Die Koffer sind oben, auf dem Dachboden. ....

13. Nach der Hochzeit gehen sie in die Flitterwochen. ....

14. Ich bin beschäftigt, wir reden später. ....

15. Jetzt bin ich außer Haus. Wir verbringen das Wochenende außerhalb der Stadt. Ich komme in zwei Tagen zurück. ....

16. Setzen wir uns draußen oder drinnen? ....

17. Du musst im Gebäude drinnen suchen. ....

18. Er ist dort hinten! ....

1. Vive ancora con i suoi genitori.
2. Bevo il tè con il limone.
3. Esco con il cane.
4. Perché scrivi sempre con la matita e non con la penna?
5. - Luca, vieni a cena?
   - Con piacere!
6. Vuoi il caffè con il latte o senza (il latte)?
7. Non posso vivere senza di te.
8. Scrivo su un foglio le cose da fare.
9. Il negozio è aperto 24 ore su 24.
10. Due persone su cinque non hanno la televisione a casa.
11. Rimani giù o vieni su?
12. Le valigie sono su, in soffitta.
13. Dopo il matrimonio partono per la luna di miele.
14. Sono occupato/a, parliamo dopo.
15. Adesso/Ora sono fuori di casa. Passiamo il fine settimana fuori città. Torno fra due giorni.
16. Ci sediamo fuori o dentro?
17. Devi cercare dentro l'edificio.
18. È lì dietro!

Die Präposition **con** entspricht in den meisten Kontexten der deutschen Präposition *mit:* **oggi pranzo con Luca** *heute esse ich mit Luca zu Mittag*; **un cornetto con la marmellata** *ein Hörnchen mit Marmelade.*
Außerdem drückt man mit **con** Folgendes aus:
- das Mittel, mit dem eine Handlung ausgeführt wird: **tagliare con il coltello** *mit dem Messer schneiden*
- die Art und Weise, wie man etwas tut: **con piacere** *mit Vergnügen*; **con gioia** *mit Freude.*

Das Gegenteil von **con** in der Bedeutung *mit* ist **senza** *ohne.*

Vor Personalpronomen wird zusätzlich die Präposition **di** gesetzt: **senza di me** *ohne mich,* **senza di te** *ohne dich,* **senza di lei** *ohne sie* (für die anderen Personen mit den entsprechenden Pronomen: **lui, noi, voi, loro**).

Die Präposition **su** verwendet man zur Bestimmung:
- des Ortes: **la casa è situata su una collina** *das Haus steht auf einer Anhöhe*
- eines Themas: **un libro su Caravaggio** *ein Buch über Caravaggio*
- von Teilen eines Ganzen: **due persone su tre** *zwei von drei Personen.*

Su wird auch ohne Substantiv verwendet. Es hat dann die Funktion eines Adverbs mit der Bedeutung *oben, hoch*: **guardare su** *nach oben schauen, hochschauen*; **saltare su** *hochspringen.* Das Wort mit der entgegengesetzten Bedeutung ist **giù** *(nach) unten, hinunter.*

Folgende Präpositionen können auch adverbial gebraucht werden:

	Präposition	Adverb
davanti	*vor*	*davor; vorn*
dietro	*hinter*	*hinten; nach hinten*
dentro	*in*	*drinnen; hinein*
fuori	*außerhalb*	*draußen; hinaus*
dopo	*nach*	*danach, später*
sopra	*auf*	*oben; darauf*
sotto	*unter*	*unten; darunter*

19. Das Mädchen versteckt sich hinter dem Schrank. ....

20. Der Rock ist vorne schmutzig und hat hinten ein Loch. ....

21. Vor uns liegt eine schwierige Woche voller Prüfungen. ....

22. Während der Ferien schalte ich den Computer nicht ein. ....

23. Die Katze ist unter dem Tisch. ....

24. Du musst unten unterschreiben. ....

25. Ich möchte einen Erdbeerkuchen mit Schlagsahne oben drauf. ....

26. Über der Wohnung ist ein Dachboden. ....

27. Ich habe keine Kraft mehr, es ist zu weit. ....

28. Leider wohnt Luca weit weg von mir. ....

29. Kann ich mich neben dich setzen? ....

30. Es ist hier in der Nähe, wir können zu Fuß gehen. ....

31. Ich weiß es nicht, ich bin nicht von hier. ....

32. Wir gehen schon zurück, sie bleiben noch dort. ....

33. Ich setze mich neben ihn. ....

34. Wir wohnen hier nebenan. ....

35. Die Verdis wohnen gegenüber von uns. ....

36. Das Fenster gegenüber ist geschlossen, ich sehe nichts. ....

19. La bambina si nasconde dietro l'armadio.

20. La gonna è sporca davanti e ha un buco dietro.

21. Davanti a noi c'è una settimana difficile, piena di esami.

22. Durante le vacanze non accendo il computer.

23. Il gatto è sotto il tavolo.

24. Devi firmare sotto.

25. Voglio una torta con le fragole e con la panna montata sopra.

26. Sopra l'appartamento c'è una soffitta.

27. Non ho più forze, è troppo lontano.

28. Purtroppo, Luca abita lontano da me.

29. Posso sedermi vicino a te?

30. È qua vicino, possiamo andare a piedi.

31. Non lo so, non sono di qui.

32. Noi già torniamo, loro rimangono ancora lì.

33. Mi siedo accanto a lui.

34. Abitiamo qui accanto.

35. I signori Verdi abitano di fronte a noi.

36. La finestra di fronte è chiusa, non vedo nulla.

Das italienische Wort **torta** hat eine breitere Bedeutung als das deutsche Wort *Torte* und steht für verschiedene Arten von süßen und salzigem Gebäck mit runder Form. Man sagt z. B.: **torta di compleanno** *Geburtstagstorte*, **torta di nozze** *Hochzeitstorte*, aber auch **torta di mele** *Apfelkuchen*, **torta salata** *herzhafter Kuchen*.

Als Lokalbestimmungen dienen auch folgende präpositionale Ausdrücke und Adverbien:

lontano (da)	*weit weg (von)*
vicino (a)	*in der Nähe (von)*
accanto (a)	*neben*
di fronte (a)	*gegenüber (von)*
qui, qua	*hier*
là, lì	*dort, da*

Parole nuove

....

....

....

....

....

....

....

1. Endlich fahren wir ans Meer! ....
2. Gehst du lieber ins Kino oder ins Theater? ....
3. Ich verbringe die Ferien am See. ....
4. Ich muss zur Post gehen um einen Brief zu verschicken. ....
5. Kaufst du lieber auf dem Markt oder im Supermarkt ein? ....
6. Wollt ihr an den See gehen oder bleibt ihr lieber am Meer? ....
7. Wir treffen uns am Bahnhof. ....
8. Wir gehen zur Arbeit. ....
9. Ich bin bei der Arbeit, ich kann nicht reden. ....
10. Luca und Stefano gehen im Urlaub ins Ausland. ....
11. Für mich die Spaghetti alla Carbonara und für meine Frau den Risotto Mailänder Art. ....
12. Für mich das Zitroneneis und für meinen Mann die Schokoladen-Pannacotta. ....
13. Magst du lieber Erdbeerjoghurt oder Vanillejoghurt? ....
14. Unser Hotel befindet sich in der Nähe des Kolosseums. ....
15. Können wir gegenüber der Universität anhalten? ....
16. Die Bank ist neben dem Geschäft. ....
17. Sehen wir uns um acht Uhr? ....
18. Wir essen um ein Uhr zu Mittag. ....

1. Finalmente andiamo al mare!
2. Preferisci andare al cinema o a teatro?
3. Passo le vacanze al lago.
4. Devo andare alla posta per spedire una lettera.
5. Preferisci fare la spesa al mercato o al supermercato?
6. Volete andare al lago o preferite rimanere al mare?
7. Ci incontriamo alla stazione.
8. Andiamo al lavoro.
9. Sono al lavoro, non posso parlare.
10. Luca e Stefano vanno all'estero per le vacanze.
11. Per me gli spaghetti alla carbonara e per mia moglie, il risotto alla milanese.
12. Per me il gelato al limone e per mio marito, la panna cotta al cioccolato.
13. Preferisci lo yogurt alla fragola o alla vaniglia?
14. Il nostro albergo si trova vicino al Colosseo.
15. Ci possiamo fermare di fronte all'università?
16. La banca è accanto al negozio.
17. Ci vediamo alle otto?
18. Pranziamo all'una.

Folgende Präpositionen verschmelzen mit dem bestimmten Artikel zu einem Wort: **a, di, da, in, su**. Da es nicht ganz einfach ist, zu unterscheiden, wann der Artikel zu setzen ist und wann er ausgelassen wird (vgl. unità 23 und 24), ist es ratsam sich entsprechende Ausdrücke von Anfang an einzuprägen: **al cinema** *im Kino/ins Kino* (mit Artikel), aber: **a teatro** *im Theater/ins Theater* (ohne Artikel).

Die Präposition **a** kann mit den bestimmten Artikeln zu folgenden Verbindungen verschmelzen:

Sg.	Pl.
a + il → al	**a + i → ai**
a + lo → allo	**a + gli → agli**
a + la → alla	**a + le → alle**
a + l' → all'	

Diese Verbindungen mit **a** kommen vor allem in vielen Ortsangaben vor, vgl. Satz 3-8. Anders als im Deutschen nimmt man im Italienischen bei Orts- und Richtungsangaben jeweils dieselbe Präposition: **sono al mare** *ich bin am Meer* und **vado al mare** *ich gehe/fahre ans Meer.*

Der Artikel wird auch in Verbindung mit den präpositionalen Ausdrücken, die in unità 24 erwähnt wurden, verwendet. Der <u>bestimmte Artikel</u> ist obligatorisch, wenn die Rede von einem ganz bestimmten Ort ist.

- **vicino a**: **vicino alla stazione** *in der Nähe des Bahnhofs*
- **di fronte a**: **di fronte alla scuola** *gegenüber der Schule*
- **accanto a**: **accanto al negozio** *neben dem Geschäft*

Bei der Angabe der Uhrzeit wird die Präposition **a** mit dem weiblichen Artikel im Plural gebraucht: **alle dieci** *um zehn*, **alle tredici** *um dreizehn Uhr*. Eine Ausnahme ist *ein Uhr* – hier wird der Artikel im Singular verwendet: **all'una** *um eins*.

19. Die Wochentage auf Italienisch sind: Montag, Dienstag, Mittwoch, Donnerstag, Freitag, Samstag, Sonntag. ....

20. Ich höre Frau Martinellis Stimme. ....

21. Es ist der Koffer des Professors. ....

22. Tolkiens Roman *Der Herr der Ringe* ist mein Lieblingsbuch. ....

23. Das Auto von Marias Onkel ist wieder kaputt. ....

24. Lucas Augenfarbe ist wunderschön. ....

25. Es ist ein Film aus den Sechzigerjahren. ....

26. Da ist der Leiter unserer Schule. ....

27. Opa Lorenzos Freund spielt sehr gut Schach. ....

28. Möchtest du Wein? ....

29. Gibt es noch Tomaten? ....

30. Sind Briefe für mich da? ....

31. Gibt es schon Neuigkeiten? ....

32. Wollt ihr noch etwas Brot? ....

33. Wir können warten, es ist noch Zeit. ....

34. Frau Rossis Tochter ist eine Freundin Marias. ....

35. Bei der Arbeit esse ich immer Pfefferminzbonbons. ....

36. Heute Abend gehen wir ins Kino. Möchtest du mit uns kommen? ....

19. I giorni della settimana in italiano sono: lunedì, martedì, mercoledì, giovedì, venerdì, sabato, domenica.

20. Sento la voce della signora Martinelli.

21. È la valigia del professore.

22. Il romanzo di Tolkien *Il signore degli anelli* è il mio libro preferito.

23. La macchina dello zio di Maria è di nuovo rotta.

24. Il colore degli occhi di Luca è bellissimo.

25. È un film degli anni sessanta.

26. Ecco il direttore della nostra scuola.

27. L'amico di nonno Lorenzo gioca molto bene a scacchi.

28. Vuoi del vino?

29. Ci sono ancora dei pomodori?

30. Ci sono delle lettere per me?

31. Ci sono già delle novità?

32. Volete ancora del pane?

33. Possiamo aspettare, c'è ancora del tempo.

34. La figlia della signora Rossi è un'amica di Maria.

35. Al lavoro mangio sempre le caramelle alla menta.

36. Stasera andiamo al cinema. Vuoi venire con noi?

Die Präposition **di** bildet in Verbindung mit dem bestimmten Artikel folgende Formen:

Sg.	Pl.
di + il → del	**di + i → dei**
di + lo → dello	**di + gli → degli**
di + la → della	**di + le → delle**
di + l' → dell'	

Diese Verbindungen entsprechen im Deutschen oft einem Genitivattribut: **i giorni della settimana** (wörtlich: *die Tage der Woche*) = *die Wochentage*; **la voce della madre di Luca** (wessen Stimme?) *die Stimme der Mutter von Luca/von Lucas Mutter.*

Die Verbindung der Präposition **di** mit dem bestimmten Artikel wurde in unità 9 bereits in der Funktion des Teilungsartikels mit der Bedeutung *etwas, ein bisschen* im Singular und *einige, irgendwelche* im Plural vorgestellt.
Hier einige Beispiele im Singular:

m.
del pane *etwas Brot*
dello zucchero *ein bisschen Zucker*
dell'olio *ein wenig Öl*
w.
della farina *ein bisschen Mehl*
dell'acqua *etwas Wasser*

Im Plural bleibt der Teilungsartikel in der Regel unübersetzt:

m.
dei libri *(einige) Bücher*
degli attori *(einige) Schauspieler*
w.
delle donne *(einige) Frauen*

Den Teilungsartikel im Singular kann man auch durch den Ausdruck **un po' di ...** (ohne Artikel) *etwas ..., ein bisschen ...* ersetzen. Dieselbe Frage könnte man also auch so formulieren: **Volete ancora un po' di pane?**

Zur Erinnerung: In Verbindung mit den Angaben **con me** *mit mir,* **con te** *mit dir,* **con noi** *mit uns* und **con voi** *mit euch* wird das Verb **venire** und nicht **andare** verwendet.

1. Die Schlüssel sind auf dem Schreibtisch. ....
2. Auf dem Tisch steht eine Vase. ....
3. Wie lädt man einen Klingelton aufs Handy? ....
4. Opa Lorenzo schläft oft auf dem Sofa vor dem Fernseher ein. ....
5. Luca, du hast einen großen Fleck auf dem Hemd. ....
6. Wir sind am Strand, das Wetter ist wunderschön, und wo bist du, Luca? ....
7. Meinst du das ernst? ....
8. Wir steigen in den Zug ein. ....
9. Ich lese ein Buch über das Leben Leonardo da Vincis. ....
10. Dieser Liebesfilm ist sehr lang, vielleicht schauen wir den Gespensterfilm an? ....
11. Gehst du zum Arzt? ....
12. Wohnt ihr noch bei den Eltern? ....
13. Ich muss zum Frisör gehen. ....
14. Sonntags essen wir normalerweise bei Oma zu Mittag. ....
15. Ich komme aus Deutschland. ....
16. Ich sehe das Meer vom Fenster aus. ....
17. Das Büro ist von 10 bis 19 Uhr geöffnet. ....
18. Ich bin von sieben Uhr bis ein Uhr bei der Arbeit. ....

1. Le chiavi sono sulla scrivania.
2. Sul tavolo c'è un vaso.
3. Come scaricare una suoneria sul cellulare?
4. Nonno Lorenzo si addormenta spesso sul divano davanti al televisore.
5. Luca, hai una grossa macchia sulla camicia.
6. Siamo sulla spiaggia, il tempo è bellissimo, e tu dove sei, Luca?
7. Parli sul serio?
8. Saliamo sul treno.
9. Leggo un libro sulla vita di Leonardo da Vinci.
10. Questo film sull'amore è molto lungo, forse guardiamo quello sui fantasmi?
11. Vai dal medico?
12. Abitate ancora dai genitori?
13. Devo andare dal parrucchiere.
14. La domenica di solito pranziamo dalla nonna.
15. Vengo dalla Germania.
16. Vedo il mare dalla finestra.
17. L'ufficio è aperto dalle 10 alle 19.
18. Sono al lavoro dalle sette all'una.

Die Präposition **su** bildet in Verbindung mit dem bestimmten Artikel folgende Formen:

Sg.	Pl.
su + il → sul	**su + i → sui**
su + lo → sullo	**su + gli → sugli**
su + la → sulla	**su + le → sulle**
su + l' → sull'	

Die Präposition **su** kann auch ein Thema (eines Buchs oder Films bzw. einer Diskussion o. Ä.) einleiten.

Die Formen der Präposition **da** mit dem bestimmten Artikel lauten:

Sg.	Pl.
da + il → dal	**da + i → dai**
da + lo → dallo	**da + gli → dagli**
da + la → dalla	**da + le → dalle**
da + l' → dall'	

In der Form mit Artikel verwendet man **da** vor Personenbezeichnungen häufig als Orts- und Richtungsangabe: **dal medico** *beim Arzt/zum Arzt*, **dalla nonna** *bei der Oma/zur Oma*.

Da wird zur Bezeichnung der Herkunft aus einer Region oder einem Land immer mit dem bestimmten Artikel verwendet und entspricht dann im Deutschen der Präposition *aus* (ohne Artikel): **Vengo dall'Italia.** *Ich komme/stamme aus Italien.*

Zur Angabe von Zeiträumen, die sich auf Uhrzeiten beziehen, werden die Präpositionen **da** und **a** in Verbindung mit dem weiblichen Artikel im Plural verwendet: **dalle ... alle ...** *von ... bis ...*: **dalle tre alle quattro** *von drei bis vier Uhr*. Eine Ausnahme ist **l'una** *ein Uhr*, denn hier steht der Artikel im Singular: **dall'una alle tre** *von ein Uhr bis drei Uhr*.

19. In meinem Stadtteil gibt es nicht viele Restaurants. ....

20. Ober! In meiner Suppe ist eine Fliege! ....

21. 1492 verlässt Christoph Kolumbus Spanien und erreicht Amerika. ....

22. In unserer Stadt gibt es zwei Theater. ....

23. In Stefanos Zimmer gibt es kein Licht. ....

24. Luca, im Schlafzimmer ist eine Mücke. Ich kann nicht schlafen. ....

25. In meiner Wohnung ist es sehr kalt. ....

26. In Großmutters Wohnung gibt es viele Pflanzen. ....

27. Wie viele Buchstaben hat dein Name? ....

28. Der Schirm ist in Lucas Auto. ....

29. In allen Zimmern gibt es eine Klimaanlage. ....

30. Auf der ganzen Welt gibt es anständige Menschen. ....

31. Luca, deine Hemden sind im Schrank, wie immer. ....

32. Ich stelle die Blumen in die Vase. ....

33. Können wir den Hörsaal schon betreten? ....

34. Von fünf Uhr bis sechs Uhr bin ich im Hörsaal 211. ....

35. Kannst du den Wein in die Gläser einschenken? ....

36. Im März geht Stefano in die Vereinigten Staaten. ....

19. Nel mio quartiere non ci sono molti ristoranti.

20. Cameriere! Nella mia minestra c'è una mosca!

21. Nel 1492 Cristoforo Colombo parte dalla Spagna e arriva in America.

22. Nella nostra città ci sono due teatri.

23. Nella camera di Stefano non c'è la luce.

24. Luca, nella camera da letto c'è una zanzara. Non posso dormire.

25. Nel mio appartamento fa molto freddo.

26. Nell'appartamento della nonna ci sono molte piante.

27. Quante lettere ha il tuo nome?

28. L'ombrello è nella macchina di Luca.

29. In tutte le camere c'è l'aria condizionata.

30. In tutto il mondo ci sono persone perbene.

31. Luca, le tue camicie sono nell'armadio, come sempre.

32. Metto i fiori nel vaso.

33. Possiamo già entrare nell'aula?

34. Dalle cinque alle sei sono nell'aula 211.

35. Puoi versare il vino nei bicchieri?

36. A marzo Stefano va negli Stati Uniti.

Die Präposition **in** bildet mit dem bestimmten Artikel folgende Formen:

Sg.	Pl.
in + il → nel	**in + i → nei**
in + lo → nello	**in + gli → negli**
in + la → nella	**in + le → nelle**
in + l' → nell'	

Sie kommt am häufigsten in Orts- und Zeitbestimmungen vor und bedeutet *in* bzw. *nach*.

Jahreszahlen werden mit den Grundzahlen angegeben, wobei das Wort *Jahr* wie im Deutschen weggelassen werden kann: **nell'anno 2016 (duemilasedici)** oder einfach **nel 2016** *(im Jahr) 2016*.

In **camera da letto** bezeichnet die Präposition **da** den Zweck des Zimmers, und zwar, dass man dort ins Bett geht (von **letto** *Bett*).

Zur Beschreibung einer Fortbewegungsart verwendet man die Präposition **in** ohne Artikel: **Vado in macchina.** *Ich fahre mit dem Auto.* In Satz 28 geht es jedoch um ein ganz bestimmtes Auto und nicht um die Art der Fortbewegung, deshalb muss dort der bestimmte Artikel stehen.

Der Artikel steht hinter dem Adjektiv **tutto/tutta/tutti/tutte** und kann dadurch nicht mit der Präposition, die vor dem Adjektiv steht, zu einem Wort verschmelzen.

Perbene ist unveränderlich, deshalb heißt es: **un uomo perbene** *ein anständiger Mann/Mensch* und **uomini perbene** *anständige Männer/Menschen.*

Vor **Stati Uniti** *Vereinigte Staaten* steht immer der Artikel **gli,** der mit der Präposition **in** zu **negli** verschmilzt. Deshalb heißt es: **negli Stati Uniti** und nicht ~~**in Stati Uniti**~~.

1. Luca, ich liebe dich!

   ....

2. Es ist ein sehr schönes Lied, ich singe es oft.

   ....

3. Stefano liebt Witze. Er erzählt sie immer.

   ....

4. Bringst du uns zum Bahnhof?

   ....

5. Stefano liebt Maria sehr. Er küsst sie oft.

   ....

6. Gut seht ihr aus!

   ....

7. - Wann siehst du Stefano und Luca?
   - Ich treffe sie donnerstags beim Training.

   ....

8. Ich bitte dich!

   ....

9. Es ist ein sehr guter Lippenstift, ich kaufe ihn gerne.

   ....

10. Die Fenster sind geschlossen, öffnest du sie bitte?

    ....

11. Der Nachtisch ist sehr gut, ich esse ihn ganz auf.

    ....

12. Der Kuchen ist sehr gut, ich esse ihn ganz auf.

    ....

13. Diese Erdbeeren sind sehr gut, ich esse sie alle.

    ....

14. Im Text sind viele Fehler, ich korrigiere sie alle.

    ....

15. Maria ist sehr sympathisch. Ich helfe ihr gern.

    ....

16. Ich danke Ihnen sehr.

    ....

17. Ich warte an der Bushaltestelle auf dich.

    ....

18. Ich habe noch ein Brötchen. Möchtest du es?

    ....

1. Luca, ti amo!
2. È una canzone molto bella, la canto spesso.
3. Stefano ama le barzellette. Le racconta sempre.
4. Ci porti alla stazione?
5. Stefano ama molto Maria. La bacia spesso.
6. Vi vedo bene.
7. - Quando vedi Stefano e Luca?
   - Li incontro il giovedì in palestra.
8. Ti prego!
9. È un rossetto molto buono, lo compro volentieri.
10. Le finestre sono chiuse, le apri, per favore?
11. Il dolce è buonissimo, lo mangio tutto.
12. La torta è buonissima, la mangio tutta.
13. Queste fragole sono buonissime, le mangio tutte.
14. Nel testo ci sono tanti errori, li correggo tutti.
15. Maria è molto simpatica. La aiuto volentieri.
16. La ringrazio tanto.
17. Ti aspetto alla fermata dell'autobus.
18. Ho ancora un panino. Lo vuoi?

Die direkten Objektpronomen ersetzen ein direktes Objekt (entspricht im Deutschen dem Akkusativ: wen oder was?). Man unterscheidet im Italienischen zwischen unbetonten und betonten Formen. Die unbetonten Formen lauten:

mi	*mich*
ti	*dich*
lo/la	*ihn/sie/es*
La	*Sie*
ci	*uns*
vi	*euch*
li (m.)	*sie*
le (w.)	*sie*

Anders als im Deutschen stehen die unbetonten direkten Objektpronomen vor dem Verb. Siehe folgende Beispiele:

mi accompagni *du begleitest mich*
ti amo *ich liebe dich*
lo prendo *ich nehme ihn/sie/es*
la chiudiamo *wir schließen ihn/sie/es*
La prego *ich bitte Sie*
ci conoscono *sie kennen uns*
vi sento *ich höre euch*
li vedo *ich sehe sie*
le compro *ich kaufe sie*

Die Pronomen **lo, la, li, le** richten sich in Geschlecht und Zahl nach dem Objekt, das sie ersetzen.

Mit dem Pronomen **li** wird hier das männliche Substantiv im Plural **errori** ersetzt.

Es gibt auch einige Verben, die im Italienischen ein direktes Objekt benötigen, im Deutschen aber ein indirektes: **aiutare** und **ringraziare**: **aiutare la mamma** *der Mutter helfen*; **ringraziare il fratello** *dem Bruder danken*. Manchmal ist dieses indirekte Objekt auch mit einer Präposition angeschlossen wie bei *auf jdn. warten* **aspettare qualcuno**.
Hier entsprechende Beispiele nur mit Personalpronomen: **la aiuto** *ich helfe ihr*, **lo ringrazio** *ich danke ihm*, **vi aspetto** *ich warte auf euch*.

19. Deine Schuhe sind schmutzig, du musst sie putzen. ....

20. Diese Hose ist wunderschön. Wir müssen sie unbedingt kaufen. ....

21. Hast du schon die Fotos von Luca? Ich möchte sie sehen! ....

22. Könnt ihr uns helfen? ....

23. Diese Tasche ist hässlich. Ich will sie nicht. ....

24. Ich kann das nicht machen. ....

25. Dieses Programm funktioniert nicht. Ich kann es nicht installieren. ....

26. Ich will dich, nicht ihn! ....

27. Siehst du? Sie bevorzugt mich! ....

28. Ich begleite euch nach Hause. ....

29. Ich muss dir etwas erzählen. ....

30. Stefano und Luca kommen auch. Kennt ihr sie? ....

31. Die Fenster sind schon schmutzig. Wir müssen sie putzen. ....

32. Meine Verlobte liebt mich und will mich heiraten. ....

33. Professor, ich danke Ihnen für Ihre Geduld. ....

34. Das Geschenk ist schon fertig, morgen gebe ich es Luca. ....

35. Herr Verdi, ich möchte Sie nicht beleidigen, aber Sie irren sich. ....

36. Die Sätze sind sehr interessant, ich übersetze sie mit Vergnügen. ....

19. Le tue scarpe sono sporche, devi pulirle.

20. Questi pantaloni sono bellissimi. Li dobbiamo assolutamente comprare.

21. Hai già le foto di Luca? Le voglio vedere!

22. Ci potete aiutare?

23. Questa borsa è brutta. Non la voglio.

24. Non so farlo.

25. Questo programma non funziona. Non posso installarlo.

26. Voglio te, non lui!

27. Vedi? Lei preferisce me!

28. Vi accompagno a casa.

29. Ti devo raccontare una cosa.

30. Vengono anche Stefano e Luca. Li conoscete?

31. Le finestre sono già sporche. Le dobbiamo lavare.

32. La mia fidanzata mi ama e mi vuole sposare.

33. Professore, La ringrazio per la sua pazienza.

34. Il regalo è già pronto, domani lo do a Luca.

35. Signor Verdi, non La voglio offendere, ma si sbaglia.

36. Le frasi sono molto interessanti, le traduco con piacere.

In Verbindung mit Modalverben kann man direkte Objektpronomen, genauso wie die Reflexivpronomen, vor die Verbgruppe setzen oder an den Infinitiv anhängen: **le devi pulire** oder **devi pulirle**.

In verneinten Sätzen steht das Pronomen zwischen dem Verneinungswort und der Verbform.

Den Satz kann man auch so formulieren: **Non lo so fare** (mit dem Pronomen nach dem Verneinungswort, aber vor dem Verb **sapere**, das hier als Modalverb fungiert).

Wenn das Pronomen besonders hervorgehoben werden soll, steht es hinter dem Verb: **amo te, non Stefano** *ich liebe dich und nicht Stefano.* Ohne diese Art der Betonung würde es heißen **ti amo** *ich liebe dich.* Die betonten Formen der direkten Objektpronomen entsprechen fast alle den Subjektpronomen (linke Spalte in der Tabelle). Ausnahmen sind die Formen in der 1. und 2. Pers. Sg.:

io	**me**
tu	**te**
lui	**lui**
lei	**lei**
Lei	**Lei**
noi	**noi**
voi	**voi**
loro	**loro**

Parole nuove

....

....

....

....

....

....

1. Wir glauben euch. ....

2. Ich gebe euch einen Rat. ....

3. Wenn du willst, leihe ich dir mein Fahrrad. ....

4. Ich bringe Ihnen den Kaffee. ....

5. Wir schreiben ihm E-Mails. ....

6. Ich antworte euch nachher. ....

7. Stefano schreibt mir auf Facebook. ....

8. Ich sage dir die Wahrheit. ....

9. Deine Idee erscheint mir interessant. ....

10. Ich bereite ihm das Frühstück zu. ....

11. Abends erzählt Opa mir Märchen. ....

12. Luca, kann ich dir einen Kuss geben? ....

13. Ich möchte ihr einen Strauß rote Rosen und einen Ring geben. ....

14. Können wir euch um einen Gefallen bitten? ....

15. Ich muss ihr nichts erklären. ....

16. Sie sagt uns nicht die ganze Wahrheit. ....

17. Ich kann dir nicht antworten. ....

18. Ich kann dir nichts sagen. ....

1. Vi crediamo.
2. Vi do un consiglio.
3. Se vuoi, ti presto la mia bicicletta.
4. Le porto il caffè.
5. Gli scriviamo delle e-mail.
6. Vi rispondo dopo.
7. Stefano mi scrive su Facebook.
8. Ti dico la verità.
9. La tua idea mi sembra interessante.
10. Gli preparo la colazione.
11. La sera il nonno mi racconta le fiabe.
12. Luca, ti posso dare un bacio?
13. Le voglio dare un mazzo di rose rosse e un anello.
14. Possiamo chiedervi un favore?
15. Non devo spiegarle niente.
16. Non ci dice tutta la verità.
17. Non so risponderti.
18. Non posso dirti nulla.

In dieser unità geht es um die indirekten Objektpronomen, die ein indirektes Objekt ersetzen (entspricht im Deutschen dem Dativ: wem oder was?). Man unterscheidet im Italienischen zwischen unbetonten und betonten Formen. Die unbetonten Formen lauten:

mi	*mir*
ti	*dir*
gli	*ihm*
le	*ihr*
Le	*Ihnen*
ci	*uns*
vi	*euch*
gli	*ihnen*

Diese Pronomen ersetzen Ausdrücke mit **a** + Substantiv:
Do il libro a Luca. *Ich gebe Luca das Buch.*
Gli (= a Luca) do il libro. *Ich gebe ihm das Buch.*

Die unbetonten indirekten Objektpronomen stehen vor dem Verb**:**
ti credo *ich glaube dir*; **le dico** *ich sage ihr*; **gli basta** *es reicht ihm/ihnen.*

In Verbindung mit Modalverben kann man indirekte Objektpronomen genauso wie die direkten Objektpronomen und die Reflexivpronomen vor die Verbgruppe setzen oder an den Infinitiv anhängen:
Ti posso dare un bacio? = **Posso darti un bacio?**

Auch die indirekten Pronomen stehen in verneinten Sätzen zwischen Verneinungswort und Verb.

Den Satz kann man auch so formulieren: **Non ti so rispondere** (mit dem Pronomen nach dem Verneinungswort, aber vor dem Verb **sapere**, das hier als Modalverb fungiert).

19. Mir gefällt deine Krawatte.
....
20. Uns gefällt die italienische Sprache.
....
21. Mir gefallen italienische Filme.
....
22. Mir schmecken sizilianische Orangen sehr.
....
23. Tanzt du gern?
....
24. Luca tanzt nicht gern.
....
25. Ihr reist gern, stimmt's?
....
26. Interessiert dich Politik?
....
27. Interessieren euch Bücher über Kunst?
....
28. Ich mag Musik, aber Tanz interessiert mich nicht.
....
29. Wen interessiert Politik?
....
30. Mich interessiert Politik!
....
31. Mir gefällt es nicht, und dir?
....
32. Mir genügt dein Lächeln.
....
33. Das ist nicht möglich! Ihm reichen vier Stunden Schlaf?
....
34. Ich stelle dir Chiara, meine Freundin, vor.
....
35. Es freut mich, dich kennenzulernen.
....
36. Ich übersetze die Sätze gern.
....

19. Mi piace la tua cravatta.

20. Ci piace la lingua italiana.

21. Mi piacciono i film italiani.

22. Mi piacciono molto le arance siciliane.

23. Ti piace ballare?

24. A Luca non piace ballare.

25. Vi piace viaggiare, vero?

26. Ti interessa la politica?

27. Vi interessano i libri sull'arte?

28. Mi piace la musica, ma la danza non mi interessa.

29. A chi interessa la politica?

30. A me interessa la politica!

31. A me non piace, e a te?

32. Mi basta il tuo sorriso.

33. Non è possibile! Gli bastano quattro ore di sonno?

34. Ti presento Chiara, la mia ragazza.

35. Mi fa piacere conoscerti.

36. Mi piace tradurre le frasi.

Beim Verb **piacere a qualcuno** *jdm. gefallen/schmecken* wird das Objekt durch ein indirektes Objektpronomen ersetzt. Je nachdem, wer oder was gefällt bzw. schmeckt, steht das Verb im Singular oder Plural:
Mi piace la pizza. *Mir schmeckt/Ich mag (die) Pizza* (das Substantiv steht im Singular), aber:
Mi piacciono le mele. *Mir schmecken/Ich mag Äpfel* (das Substantiv steht im Pl.).
Dieses Verb wird in der Regel in der 3. Person gebraucht (**piace, piacciono**). Die anderen Formen sind aber auch möglich: **Mi piaci.** *Du gefällst mir.*

Nach dem Verb **piacere** kann auch ein Infinitiv stehen. In diesem Fall wird es nur in der 3. Pers. Sg. verwendet (**piace**) und hat die Bedeutung *gern machen:* **Mi piace cucinare.** *Ich koche gern.*

Wie das Verb **piacere** verhält sich auch das Verb **interessare**: **Mi interessa il libro.** *Mich interessiert das Buch.*, aber: **Mi interessano i libri.** *Mich interessieren (die) Bücher.* (Die Verbform richtet sich nach dem Substantiv, auf das sich das Interesse bezieht).

Wenn das Pronomen besonders hervorgehoben werden soll, nimmt man die betonte Form mit **a**:
A me non interessa, a lui invece sì. *Mich interessiert das nicht, ihn dagegen schon.*
<u>Die betonten Formen der indirekten Objektpronomen</u> entsprechen fast alle den Subjektpronomen (linke Spalte in der Tabelle). Ausnahmen sind die Formen in der 1. und 2. Pers. Sg.:

io	**<u>me</u>**
tu	**<u>te</u>**
lui	**lui**
lei	**lei**
Lei	**Lei**
noi	**noi**
voi	**voi**
loro	**loro**

Das Verb **bastare** *genügen, reichen* verhält sich wie **piacere** und **interessare**:
Mi basta un'ora. *Mir reicht eine Stunde* bzw. **Mi bastano due ore.** *Mir reichen zwei Stunden.*

1. Luca, sprich bitte langsam! ....

2. Schau, das ist Stefano, dort neben dem Laden. ....

3. Nimm einen Stift und schreibe. ....

4. Singt mit uns! ....

5. Schalte das Licht ein, es ist dunkel. ....

6. Gehen wir, es ist schon spät. ....

7. Ruf Mama an! ....

8. Schlaf gut, lieber Luca. ....

9. Schließen Sie bitte die Tür. ....

10. Lauf! ....

11. Der Bessere soll gewinnen! ....

12. Nehmt die Schlüssel, weil auch ich ausgehe. ....

13. Mach die Augen auf. ....

14. Herr Rossi, machen Sie bitte die Augen auf. ....

15. Schließ den Mund und hör zu! ....

16. Zahlen wir und gehen wir bitte hinaus. ....

17. Schickt diese Briefe noch heute ab. ....

18. Geh sofort hier raus! ....

1. Luca, parla piano, per favore!
2. Guarda, è Stefano, lì accanto al negozio.
3. Prendi una penna e scrivi.
4. Cantate con noi!
5. Accendi la luce, fa buio.
6. Andiamo, è già tardi.
7. Telefona alla mamma!
8. Dormi bene, caro Luca.
9. Chiuda la porta, per favore.
10. Corri!
11. Vinca il migliore!
12. Prendete le chiavi perché anch'io esco.
13. Apri gli occhi.
14. Signor Rossi, apra gli occhi, per favore.
15. Chiudi la bocca e ascolta!
16. Paghiamo e usciamo, per favore.
17. Spedite queste lettere entro oggi.
18. Esci subito di qui!

Der Imperativ betrifft vor allem die 2. Pers. Sg. und Pl. sowie die Höflichkeitsform in der 3. Pers. Sg., da man diese benutzt, wenn man sich an einen Gesprächspartner richtet. Für die folgenden vier Beispielverben lauten die Imperativformen:

parlare

(tu) parla!	*sprich!*
(Lei) parli!	*sprechen Sie!*

scrivere

(tu) scrivi!	*schreib(e)!*
(Lei) scriva!	*schreiben Sie!*

dormire

(tu) dormi!	*schlaf(e)!*
(Lei) dorma!	*schlafen Sie!*

finire

(tu) finisci!	*hör auf!*
(Lei) finisca!	*hören Sie auf!*

In der 1. und 2. Pers. Pl. decken sich die Imperativformen mit denen des Präsens:
(noi) parliamo! / scriviamo! / dormiamo! / finiamo!
(voi) parlate! / scrivete! / dormite! / finite!

In der Form mit **loro** (3. Pers. Pl.) wird der Imperativ sehr selten benutzt. Diese Höflichkeitsform wird, wie auch in den Aussagesätzen, in den meisten Fällen durch die 2. Pers. Pl. (**voi**) ersetzt.

Während *bitte* im deutschen Satz direkt nach dem Verb steht: *Mach bitte die Augen auf!*, oder nach dem Personalpronomen: *Machen Sie bitte die Augen auf!*, wird im Italienischen **per favore** nach einem Komma ans Satzende gestellt.

Da sich die Imperativformen in der 1. Pers. Pl. von den Präsensformen nicht unterscheiden, kann man nur an der Intonation erkennen, ob es sich um den einen oder den anderen Modus handelt.

19. Sei freundlich zu den Großeltern. ....

20. Seid ruhig. ....

21. Sei artig! ....

22. Sei der Erste! ....

23. Seid realistisch! Es ist nicht möglich! ....

24. Hab den Mut die Wahrheit zu sagen. ....

25. Habt Geduld. ....

26. Achte auf dich! ....

27. Achtet auf euch! ....

28. Habt Vertrauen! ....

29. Du sollst wissen, dass ich dich liebe. ....

30. Ihr sollt mit Stil verlieren können. ....

31. Iss, iss. Es ist gut. ....

32. Putz die Schuhe, sie sind schmutzig. ....

33. Spült das Geschirr, ich gehe *Ballando con le stelle* anschauen. ....

34. Gib Luca das Fahrrad zurück! ....

35. Geh an deinen Platz zurück. ....

36. Warte! ....

19. Sii gentile con i nonni.

20. Siate tranquilli.

21. Sii buono!

22. Sii il primo!

23. Siate realisti! Non è possibile!

24. Abbi il coraggio di dire la verità.

25. Abbiate pazienza.

26. Abbi cura di te!

27. Abbiate cura di voi!

28. Abbiate fede!

29. Sappi che ti amo.

30. Sappiate perdere con classe.

31. Mangia, mangia. È buono.

32. Pulisci le scarpe, sono sporche.

33. Lavate i piatti, io vado a guardare *Ballando con le stelle*.

34. Restituisci la bicicletta a Luca!

35. Torna al tuo posto.

36. Aspetta!

Einige Verben haben unregelmäßige Imperativformen.

essere	
(tu) sii!	*Sei!*
(Lei) sia!	*Seien Sie!*
(noi) siamo!	*Seien wir!*
(voi) siate!	*Seid!*
(Loro) siano!	*Seien Sie! (sehr formell)*

avere	
(tu) abbi!	*Hab(e)!*
(Lei) abbia!	*Haben Sie!*
(noi) abbiamo!	*Haben wir!*
(voi) abbiate!	*Habt!*
(Loro) abbiano!	*Haben Sie! (sehr formell)*

sapere	
(tu) sappi!	*Du sollst wissen!*
(Lei) sappia!	*Sie sollen wissen!*
(noi) sappiamo!	*Wir sollen wissen!*
(voi) sappiate!	*Ihr sollt wissen!*
(Loro) sappiano!	*Sie sollen wissen! (sehr formell)*

Hier wird **sapere** als Modalverb verwendet, deshalb folgt ein Verb im Infinitiv. In diesem Fall bedeutet z. B. **Sappi aspettare.** *Du sollst/musst warten können.* oder **Sappiate rispondere ...** *Ihr sollt/müsst ... antworten können.*

Der italienische Titel dieses Fernsehprogramms, das in Deutschland unter *Let's dance* läuft, bedeutet wörtl. *Tanzend mit den Stars*. Mehr über Gerundiumformen wie **ballando** in unità 33.

Parole nuove

....

....

1. Geh an deinen Platz. ....
2. Ich mache alleine Schluss, geht nach Hause. ....
3. Gehen wir, ich bin müde und habe Hunger. ....
4. Gehen Sie immer geradeaus, meine Dame. ....
5. Pack die Koffer! ....
6. Kauf nach der Arbeit ein. ....
7. Tu etwas! ....
8. Seid bitte still. ....
9. Machen wir die Übungen. ....
10. Gib Luca das Buch. ....
11. Gebt der Lehrerin die Blumen. ....
12. Sag die Wahrheit. ....
13. Sagen wir, dass es schon fertig ist. ....
14. Seid vorsichtig. ....
15. Halt still! ....
16. Kinder, lasst die Katze in Ruhe! ....
17. Sei ruhig! ....
18. Bleib stehen [im Sinne von: sich nicht setzen]! ....

1. Va' al tuo posto.
2. Finisco da solo/a, andate a casa.
3. Andiamo, sono stanco/a e ho fame.
4. Vada sempre dritto, signora.
5. Fai le valigie!
6. Fa' la spesa dopo il lavoro.
7. Fai qualcosa!
8. Fate silenzio, per favore.
9. Facciamo gli esercizi.
10. Da' il libro a Luca.
11. Date i fiori alla professoressa.
12. Di' la verità.
13. Diciamo che è già pronto.
14. State attenti.
15. Stai fermo!
16. Bambini, lasciate stare il gatto!
17. Stai zitto/a!
18. Sta' in piedi!

Einige unregelmäßige Verben haben in der 2. Pers. Sg. mehrere Imperativformen, die austauschbar sind.

andare

(tu) va/va'/vai!	*Geh!*
(Lei) vada!	*Gehen Sie!*
(noi) andiamo!	*Gehen wir!*
(voi) andate!	*Geht!*
(Loro) vadano!	*Gehen Sie! (sehr formell)*

fare

(tu) fa/fa'/fai!	*Mach(e)!*
(Lei) faccia!	*Machen Sie!*
(noi) facciamo!	*Machen wir!*
(voi) fate!	*Macht!*
(Loro) facciano!	*Machen Sie! (sehr formell)*

dare

(tu) da/da'/dai!	*Gib!*
(Lei) dia!	*Geben Sie!*
(noi) diamo!	*Geben wir!*
(voi) date!	*Gebt!*
(Loro) diano!	*Geben Sie! (sehr formell)*

dire

(tu) di/di'/dici!	*Sag!*
Lei dica!	*Sagen Sie!*
noi diciamo!	*Sagen wir!*
voi dite!	*Sagt!*
Loro dicano!	*Sagen Sie! (sehr formell)*

stare *sein, stehen, bleiben, sich fühlen*

(tu) sta/sta'/stai!	*Sei/Steh(e)!*
(Lei) stia!	*Seien/Stehen Sie!*
(noi) stiamo!	*Seien/Stehen wir!*
(voi) state!	*Seid/Steht!*
(Loro) stiano!	*Seien/Stehen Sie! (sehr formell)*

Lasciare + **stare** bilden eine Konstruktion, die vor allem im Imperativ in den Bedeutungen *etw./jdn. in Ruhe lassen* oder *mit etw.* (einem Thema) *aufhören* gebraucht wird.

19. Machen Sie bitte das Licht aus. ....

20. Bleiben Sie hier und warten Sie bitte einen Augenblick. ....

21. Halt die Leiter, wenn ich hinaufsteige. ....

22. Komm hierher, Liebling. Schau! ....

23. Kommen Sie hierher und schauen Sie bitte. ....

24. Gehen Sie sofort hier raus! ....

25. Schalten Sie bitte das Handy aus. ....

26. Verlier keine Zeit! ....

27. Geht bitte nicht hinaus. ....

28. Übertreib nicht. ....

29. Red keinen Blödsinn! ....

30. Kommen Sie nicht herein. ....

31. Stör Mama nicht, geh spielen. ....

32. Benutze nicht meine Creme, nimm deine. ....

33. Iss nicht so viele Süßigkeiten, mach ein bisschen Gymnastik. ....

34. Fahr nicht weg! Bleib noch ein bisschen bei uns! ....

35. Lach nicht, es ist überhaupt nicht lustig. ....

36. Hören wir auf! Wir sind müde. ....

19. Spenga la luce, per favore.

20. Rimanga qui e aspetti un attimo, per favore.

21. Tieni la scala quando salgo.

22. Vieni qui, amore. Guarda!

23. Venga qui e guardi, per favore.

24. Esca subito di qui!

25. Spenga il cellulare, per favore.

26. Non perdere tempo!

27. Non uscite, per favore.

28. Non esagerare.

29. Non dire stupidaggini!

30. Non entri.

31. Non disturbare la mamma, vai a giocare.

32. Non usare la mia crema, prendi la tua.

33. Non mangiare così tanti dolci, fa' un po' di ginnastica.

34. Non partire! Rimani con noi ancora un po'!

35. Non ridere, non è per niente buffo.

36. Finiamo! Siamo stanchi/e.

Einige Verben sind nur in der 3. Person unregelmäßig (es handelt sich hier um die gleiche Unregelmäßigkeit wie im Präsens):
uscire *(hin)ausgehen*: **(Lei) esca!**, **(Loro) escano!** (aber: **(tu) esci!**, **(voi) uscite!**)
rimanere *bleiben*: **(Lei) rimanga!**, **(Loro) rimangano!**
salire *hineingehen, (ein-/hoch)steigen*: **(Lei) salga!**, **(Loro) salgano!**
spegnere *ausschalten*: **(Lei) spenga!**, **(Loro) spengano!**
tenere *halten*: **(Lei) tenga!**, **(Loro) tengano!**
togliere *wegnehmen*: **(Lei) tolga!**, **(Loro) tolgano!**
venire *kommen*: **(Lei) venga!**, **(Loro) vengano!**

Der verneinte Imperativ der 2. Pers. Sg. wird durch **non** + Infinitiv ausgedrückt: **non guardare!** *schau nicht!*

Im Pl. und in der 3. Pers. Sg. steht einfach **non** *nicht* vor der Imperativform:

non andiamo!	*Gehen wir nicht!*
non prendete!	*Nehmt nicht!*
non guardi!	*Schauen Sie nicht!*
non escano!	*Gehen Sie nicht hinaus!*

Mit **la stupidaggine** bezeichnet man sowohl die *Dummheit* im Sinne eines *Mangels an Intelligenz* als auch einer *dummen Handlung/Äußerung* (von **stupido** *dumm*).

Parole nuove

....

....

....

....

....

....

....

1. - Wie viele Äpfel willst du? - Ich will fünf. ....

2. Ich kenne nicht viele Fremdsprachen. Ich spreche nur zwei. ....

3. Was für schöne Birnen! Ich nehme ein Kilo. ....

4. Übertreib es nicht mit den Süßigkeiten. Du isst zu viel davon. ....

5. Dieser Wein ist sehr gut, ich kaufe drei Flaschen. ....

6. Schmeckt dir der Kuchen? Nimmst du noch ein Stück? ....

7. Schmeckt dir der Lachs? Möchtest du noch ein Stück? ....

8. Ich gebe ein bisschen Salz dazu, eine Prise genügt. ....

9. Ich mag Honig, ich esse jeden Tag einen Teelöffel voll. ....

10. Es fehlen Stühle. Ich bringe noch drei. ....

11. Ich habe viel Obst, möchtest du ein bisschen? ....

12. Ich kaufe keine Schuhe mehr. Ich habe schon viele, vielleicht zu viele. ....

13. Ich muss ein neues Hemd kaufen. Ich habe wenige, und sie sind alle alt und hässlich. ....

14. - Hast du eine Idee? - Nein, leider habe ich keine. ....

15. Siehst du eine Lösung? Ich sehe keine. ....

16. Die Kekse sind gut, ich esse einen davon. Der Kuchen ist hervorragend, ich esse ihn ganz! ....

17. Sind die Briefe schon fertig? Ich schicke sie alle morgen Vormittag ab. ....

18. Das sind alle Unterlagen. Wir haben keine anderen. ....

1. - Quante mele vuoi? - Ne voglio cinque.
2. Non conosco tante lingue straniere. Ne parlo solo due.
3. Che belle pere! Ne prendo un chilo.
4. Non esagerare con i dolci. Ne mangi troppi.
5. Questo vino è buonissimo, ne compro tre bottiglie.
6. Ti piace la torta? Ne prendi ancora una fetta?
7. Ti piace il salmone? Ne vuoi ancora un trancio?
8. Aggiungo un po' di sale, ne basta un pizzico.
9. Mi piace il miele, ogni giorno ne mangio un cucchiaino.
10. Mancano delle sedie. Ne porto ancora tre.
11. Ho tanta frutta, ne vuoi un po'?
12. Non compro più le scarpe. Ne ho già molte, forse troppe.
13. Devo comprare una nuova camicia. Ne ho poche e sono tutte vecchie e brutte.
14. - Hai un'idea? - No, purtroppo, non ne ho nessuna.
15. Vedi una soluzione? Io non ne vedo nessuna.
16. I biscotti sono buoni, ne mangio uno. La torta è squisita, la mangio tutta!
17. Le lettere sono già pronte? Le spedisco tutte domani mattina.
18. Sono tutti i documenti. Non ne abbiamo altri.

Mit dem Pronominaladverb **ne** wird eine Teilmenge eines zuvor genannten Begriffs ausgedrückt (ähnlich wie das deutsche *davon*). Wie **ci** bleibt auch **ne** meist unübersetzt.

Wie im Deutschen wird im Italienischen das Kurzwort **chilo** *Kilo* (von **chilogrammo** *Kilogramm*) verwendet. Die wichtigsten Maßeinheiten im Italienischen sind:

- Gewicht: **grammo** *Gramm*, **etto** *hundert Gramm*, **chilogrammo** *Kilogramm*, **tonnellata** *Tonne*
- Volumen: **litro** *Liter*
- Länge: **metro** *Meter*, **centimetro** *Zentimeter*, **chilometro** *Kilometer*, **miglia** *Meile*
- Temperatur: **grado Celsius** *Grad Celsius*
- Zeit: **secondo** *Sekunde*, **minuto** *Minute*, **ora** *Stunde*.

Una fetta ist eine Portion von etwas, das zugeschnitten wird. Das kann ein *Stück* sein, wie bei einem Kuchen: **una fetta di torta**, aber auch eine *Scheibe:* **una fetta di prosciutto/pane** *eine Scheibe Schinken/Brot.*

Un trancio sagt man z. B. in Bezug auf *ein Stück Fisch*: **un trancio di pesce**, aber auch für ein dreieckiges Stück Pizza: **un trancio di pizza**.

Die Teile des Bestecks (**le posate**) heißen:

il cucchiaio	*der Löffel*
il cucchiaino	*der Teelöffel*
la forchetta	*die Gabel*
il coltello	*das Messer*

Non ho nessun dubbio *Ich habe keinen Zweifel* (**Non ne ho nessuno**).
Es nimmt dieselben Formen an wie ein unbestimmter Artikel, deshalb heißt es **nessun dubbio** *kein Zweifel*, aber: **nessuno scherzo** *kein Spaß*.
Das Verneinungswort **non** wird an den Anfang der ganzen Konstruktion gesetzt und damit auch vor **ne**.

In Verbindung mit dem Pronomen **tutto** wird **ne** nicht verwendet. Ist die Rede von einem Ganzen, nimmt man die direkten Objektpronomen (siehe unità 27).

19.	Diese Kekse sind sehr gut. Ich möchte noch zwei Packungen kaufen.	....
20.	Es ist kein Wasser mehr da, ich muss eine weitere Flasche öffnen.	....
21.	Das Eis [Plural] ist phantastisch. Kann ich noch eine Portion nehmen?	....
22.	Ich bereite mehr belegte Brötchen zu, ich möchte Luca zwei geben.	....
23.	Dieser Text ist voller Fehler. Ich sehe mindestens vier.	....
24.	Es ist keine Milch mehr da, kauf einen Liter.	....
25.	Der Spinat ist gut, nehmt noch ein bisschen davon.	....
26.	Wir haben viele neue Filme. Schauen wir heute Abend einen an.	....
27.	Die Pasta ist zu viel für mich. Ich esse die Hälfte.	....
28.	Nicht alle Pralinen sind für dich, Luca. Du kannst dir drei davon aussuchen.	....
29.	Diese Aufgabe ist zu lang. Ich mache nur einen Teil davon.	....
30.	Dieses Buch ist sehr interessant. Ich lese jeden Abend drei Kapitel.	....
31.	- Kennst du einen guten Frisör? - Nein, leider kenne ich keinen.	....
32.	- Hast du viele Freunde? - Nein, ich habe wenige.	....
33.	Es ist meine Lieblingsschokolade! Ich möchte fünf Tafeln.	....
34.	Was für schöne Ohrringe! Ich möchte ein Paar!	....
35.	Ich kann nicht mehr.	....
36.	Kennst du ein gutes Restaurant hier im Zentrum? Ich kenne keines.	....

19. Questi biscotti sono buonissimi. Ne voglio comprare ancora due pacchetti.

20. Non c'è più acqua, ne devo aprire un'altra bottiglia.

21. I gelati sono fantastici. Posso prenderne ancora una porzione?

22. Preparo più panini, voglio darne due a Luca.

23. Questo testo è pieno di errori. Ne vedo almeno quattro.

24. Non c'è più latte, comprane un litro.

25. Gli spinaci sono buoni, prendetene ancora un po'.

26. Abbiamo molti film nuovi. Guardiamone uno stasera.

27. La pasta è troppa per me. Ne mangio la metà.

28. Non tutti i cioccolatini sono per te, Luca. Ne puoi scegliere tre.

29. Questo compito è troppo lungo. Ne faccio solo una parte.

30. Questo libro è molto interessante. Ne leggo tre capitoli ogni sera.

31. - Conosci un buon parrucchiere? - No, purtroppo non ne conosco nessuno.

32. - Hai tanti amici? - No, ne ho pochi.

33. È il mio cioccolato preferito! Ne voglio cinque tavolette.

34. Che begli orecchini! Ne voglio un paio!

35. Non ne posso più.

36. Conosci un buon ristorante qui in centro? Io non ne conosco nessuno.

Ne verwendet man in Verbindung mit Modalverben so wie Reflexivpronomen bzw. wie die direkten und indirekten Objektpronomen. Es kann als einzelnes Wort dem Verb vorausgehen (wie in den Sätzen 19 und 20) oder sich mit dem Infinitiv verbinden (es steht dann anstelle von **-e** am Wortende). Die Sätze 19 und 20 könnten demzufolge auch so lauten:
19. **Voglio comprarne ancora due pacchetti.**
20. **Non c'è più acqua, devo aprirne un'altra bottiglia.**

Wie die Personalpronomen und die Partikel **ci** wird auch **ne** an die Form des Imperativs in der 2. Pers. Sg. und Pl. sowie in der 1. Pers. Pl. angehängt: **comprane, prendetene, guardiamone**.

Man kann **ne** auch an den Infinitiv anhängen: **Puoi sceglierne tre.**

Ogni ist unveränderlich und bedeutet *jeder/jede*.
Mehr Beispiele zum Gebrauch sind in unità 32 zu finden.

Parole nuove

....

....

....

....

....

....

....

1. Luca sagt immer die Wahrheit.

....

2. Ich treffe ihn selten.

....

3. Wir sprechen selten über Politik.

....

4. Luca ruft mich oft an.

....

5. Ich kaufe oft diese Mozzarella. Sie ist wirklich gut.

....

6. Ich nehme fast immer den bitteren Kaffee.

....

7. Stefano kommt immer zu spät.

....

8. Ich trinke meistens keinen Wein.

....

9. Normalerweise arbeite ich samstags nicht.

....

10. Manchmal übertreibst du.

....

11. Ab und zu denke ich an dich.

....

12. Eine Süßigkeit hin und wieder schadet nicht.

....

13. Es ist nie zu spät.

....

14. Ich gehe nie ohne Schirm aus.

....

15. Sag niemals nie!

....

16. Jetzt oder nie (mehr)!

....

17. Warum fährst du weg?

....

18. Wie oft gehst du ins Schwimmbad?

....

1. Luca dice sempre la verità.
2. Lo incontro raramente.
3. Raramente parliamo di politica.
4. Luca mi telefona spesso.
5. Compro spesso questa mozzarella. È davvero buona.
6. Prendo quasi sempre il caffè amaro.
7. Stefano arriva sempre in ritardo.
8. Di solito non bevo il vino.
9. Normalmente non lavoro il sabato.
10. A volte esageri.
11. Ogni tanto penso a te.
12. Un dolce ogni tanto non fa male.
13. Non è mai troppo tardi.
14. Non esco mai senza ombrello.
15. Mai dire mai!
16. Ora o mai più!
17. Come mai parti?
18. Quanto spesso vai in piscina?

Häufigkeitsadverbien im Italienischen sind z. B.:

sempre	*immer*
quasi sempre	*fast immer*
di solito, solitamente	*meistens, für gewöhnlich,*
normalmente	*normalerweise*
spesso	*oft*
a volte, certe volte	*manchmal*
ogni tanto, di tanto in tanto	*ab und zu, hin und wieder*
raramente	*selten*
quasi mai	*fast nie*
mai	*nie*

Das Adverb **spesso** kann an verschiedenen Stellen des Satzes stehen: am Anfang, am Ende oder nach dem Verb. **Raramente** steht in der Regel am Satzanfang oder -ende.

Sempre und **quasi sempre** stehen nach dem Verb.

Di solito und **normalmente** stehen am Satzanfang.

Die Ausdrücke **a volte** und **certe volte** stehen am Satzanfang.

Ogni tanto kann an verschiedenen Stellen im Satz stehen, am häufigsten wird es aber an den Anfang des Satzes gestellt.

Mai kann man vor oder hinter das Verb setzen. Wenn **mai** den Satz einleitet, bedarf es keiner Verneinung (**non**). Diese Konstruktion verstärkt die Bedeutung des Adverbs – der Akzent liegt auf dem Wort *nie(mals)*. Wenn **mai** nach dem Verb kommt (wie in den Sätzen 13 und 14), muss vor dem Verb **non** stehen.

Der Ausdruck **come mai** ist eine umgangssprachliche Variante von **perché** in der Bedeutung *warum?*

Bei der Frage *wie oft*? (**quanto spesso**) wird im Italienischen **quanto** *wie viel* verwendet und nicht **come** *wie*.

19. Ich gehe dreimal pro Woche dorthin. ....

20. Wie oft am Tag isst du Gemüse? ....

21. Ich esse es zu jeder Mahlzeit. ....

22. Wie oft in der Woche gießt du die Rosen? ....

23. Ich gieße sie jeden Morgen. ....

24. Ich gieße sie alle zwei Tage. ....

25. Wie häufig fahren heute die Busse? ....

26. Heute ist ein Feiertag. ....

27. Es gibt nur einen Bus pro Stunde. ....

28. Unsere Internetseite wird täglich aktualisiert. ....

29. Jeden Sommer fahren wir wieder nach Sardinien. ....

30. In den Bergen sind Regenfälle sehr häufig. ....

31. Diese Phänomene wiederholen sich sehr oft. ....

32. Ich gehe wirklich häufig dorthin. ....

33. Luca, ich denke jede Minute, jede Sekunde an dich! ....

34. Hin und wieder einmal können wir den ganzen Tag lang nichts tun. ....

35. Unser Geschäft ist an allen Wochentagen geöffnet. ....

36. Dienstags besuche ich Oma Sofia. ....

19. Ci vado tre volte alla settimana.

20. Quante volte al giorno mangi la verdura?

21. La mangio ad ogni pasto.

22. Quante volte alla settimana annaffi le rose?

23. Le annaffio ogni mattina.

24. Le annaffio ogni due giorni.

25. Con quale frequenza passano oggi gli autobus?

26. Oggi è un giorno festivo.

27. C'è solo un autobus all'ora.

28. Il nostro sito internet è aggiornato quotidianamente.

29. Ogni estate torniamo in Sardegna.

30. In montagna le piogge sono molto frequenti.

31. Questi fenomeni si ripetono molto frequentemente.

32. Ci vado davvero di frequente.

33. Luca, ti penso ogni minuto, ogni secondo!

34. Una volta ogni tanto possiamo non fare niente tutto il giorno.

35. Il nostro negozio è aperto tutti i giorni della settimana.

36. Ogni martedì vado a trovare nonna Sofia.

Zum Ausdruck der Häufigkeit verwendet man die Konstruktion: **una volta** *einmal* oder **due, tre, quattro, tante... volte** *zwei-, drei-, viermal, ..., viele Male* + Präposition **a** + bestimmter Artikel + Zeiteinheit:

una volta al mese	*einmal im Monat*
sei volte all'anno	*sechsmal im Jahr*
due volte alla settimana	*zweimal in der Woche*

Ogni *jede(r, s)* ist unveränderlich und steht immer vor dem Substantiv: **ogni settimana** *jede Woche*, **ogni anno** *jedes Jahr*.
In Verbindung mit einer Zeitangabe im Plural entspricht **ogni** im Deutschen dem Pronomen *alle*: **ogni tre mesi** *alle drei Monate*.

Il giorno festivo ist *der Feiertag*, **il giorno feriale** *der Werktag*.

Quotidianamente *täglich* ist eine formellere Variante von **ogni giorno** oder **tutti i giorni**.

Frequentemente und **di frequente** sind Synonyme des umgangssprachlicheren Adverbs **spesso**.

Die Konstruktion **ogni** + Wochentag (z. B. **ogni martedì**) drückt das Gleiche aus wie die Verbindung aus bestimmtem Artikel + Wochentag (z. B. **il martedì**). Beide weisen auf die regelmäßige Wiederholung der Handlung an dem bestimmten Wochentag hin. Die deutschen Äquivalente sind *jeden Dienstag* bzw. *dienstags*.

Parole nuove

....

....

....

....

1. Wie geht's euch, Jungs? ....
2. Es geht uns sehr gut! ....
3. Wo ist meine Brille? ....
4. Im Sommer bin ich gerne im Freien. ....
5. Sei still! ....
6. Sei ruhig! ....
7. Stefano ist seit einem Jahr mit Maria zusammen. ....
8. Wir brechen bald nach Griechenland auf. ....
9. Es regnet gleich. ....
10. Ruhe, sie fangen gleich an zu singen. ....
11. Einen Augenblick! Noch ein bisschen Geduld. Ich bin gleich fertig. ....
12. Die Geschäfte schließen gleich und wir haben kein Geschenk für Luca. ....
13. Er/Sie geht gleich dorthin. ....
14. Gehst auch du gleich dorthin? ....
15. Warte, sie sagen es gleich. ....
16. Wir frühstücken bald. Möchtest du mit uns essen? ....
17. Hör auf damit. Es hat keinen Sinn sich zu ärgern. ....
18. Bitte lasst mich in Ruhe. ....

1. Come state, ragazzi?
2. Stiamo benissimo!
3. Dove stanno i miei occhiali?
4. D'estate mi piace stare all'aperto.
5. Stai zitto!
6. Stai tranquillo!
7. Stefano sta con Maria da un anno.
8. Stiamo per partire per la Grecia.
9. Sta per piovere.
10. Silenzio, stanno per cominciare a cantare.
11. Un attimo! Ancora un po' di pazienza. Sto per finire.
12. I negozi stanno per chiudere e noi non abbiamo il regalo per Luca.
13. Sta per andarci.
14. Stai per andarci anche tu?
15. Aspetta, stanno per dirlo.
16. Stiamo per fare colazione. Vuoi mangiare con noi?
17. Lascia stare. Non ha senso irritarsi.
18. Per favore, lasciatemi stare.

Das Verb **stare** hat im Deutschen nicht nur eine Entsprechung. Man kann es je nach Kontext mit *gehen* (im Sinne von *sich fühlen*) übersetzen (**sto bene** *mir geht es gut*), mit *sein* (**sto a casa** *ich bin zu Hause*), *stehen* (**stai fermo!** *steh still!*) oder auch mit dem Verb *wohnen* (**sto con i genitori** *ich wohne bei den Eltern*).

Die Formen von **stare** lauten:

io sto	*ich stehe*
tu stai	*du stehst*
lui/lei/Lei sta	*er/sie steht/Sie stehen*
noi stiamo	*wir stehen*
voi state	*ihr steht*
loro stanno	*sie stehen*

In dieser unità geht es um die unterschiedlichen Gebrauchsmöglichkeiten von **stare**, so z. B. auch um die Verbkonstruktion **stare** + **per** + Infinitiv, mit der Handlungen beschrieben werden, die unmittelbar bevorstehen, sowie um die Konstruktion **stare** + Gerundium, mit der man Handlungen in ihrem Verlauf darstellt.

Stare + **per** + Infinitiv drückt eine Handlung aus, die bald eintritt: **sto per uscire** *ich gehe gleich aus*; **stiamo per partire** *wir fahren gleich los.*

Zur Erinnerung: Reflexivpronomen, unbetonte direkte und indirekte Objektpronomen sowie die Pronominaladverbien **ci** und **ne** werden an den Infinitiv angehängt.

Die Konstruktion **lasciare** + **stare** wird häufig im Imperativ gebraucht und bedeutet dann *mit etw. aufhören; jdn. mit etw. in Ruhe lassen*: **Lascia stare!** *Gib Ruhe! / Hör auf damit!*

Das Pronomen wird an die Verbform angehängt, weil es sich hierbei um den Imperativ handelt.

19. Lassen wir es gut sein und kehren wir an die Arbeit zurück. ....

20. Ich lese gerade ein Buch von Italo Calvino. ....

21. Das Konzert beginnt gerade. ....

22. Warum bellt der Hund? ....

23. Ich trinke gerade einen sehr guten Rotwein. ....

24. Ich übersetze gerade ein italienisches Lied, aber ich verstehe einen Satz nicht. ....

25. Was machst du gerade? ....

26. Luca, wir diskutieren gerade über deine Zukunft. ....

27. Du redest Unsinn. ....

28. Ich wasche mich gerade. ....

29. Sie machen sich bereit. ....

30. Luca schaut sich im Spiegel an. ....

31. Ich mache es nicht jetzt und ich möchte es nie tun. ....

32. Meine Katze ist dauernd am Schlafen. ....

33. Nein, wir wollen nicht spielen, wir schauen nur. ....

34. Opa Lorenzo sitzt im Sessel. ....

35. Es gibt keine freien Plätze, wir müssen also stehen. ....

36. Meine Katze frisst entweder oder liegt auf dem Sofa. ....

19. Lasciamo stare e torniamo al lavoro.

20. Sto leggendo un libro di Italo Calvino.

21. Il concerto sta iniziando.

22. Perché il cane sta abbaiando?

23. Sto bevendo un buonissimo vino rosso.

24. Sto traducendo una canzone italiana, ma non capisco una frase.

25. Che cosa stai facendo?

26. Luca, stiamo discutendo sul tuo futuro.

27. Stai dicendo sciocchezze.

28. Mi sto lavando.

29. Si stanno preparando.

30. Luca si sta guardando allo specchio.

31. Non lo sto facendo adesso e non voglio farlo mai.

32. Il mio gatto sta sempre a dormire.

33. No, non vogliamo giocare, stiamo soltanto a guardare.

34. Nonno Lorenzo sta seduto in poltrona.

35. Non ci sono posti liberi, quindi dobbiamo stare in piedi.

36. Il mio gatto o mangia o sta sdraiato sul divano.

Um auszudrücken, dass eine Handlung gerade abläuft, noch andauert während man gerade spricht, verwendet man die Konstruktion: **stare** (im Präsens) + **gerundio**.
Das Gerundium wird wie folgt gebildet:
- bei Verben auf **-are** wird die Endung **-ando** an den Verbstamm angehängt:
  lavare - lavando
  cantare - cantando
  giocare - giocando
- bei Verben auf **-ere** und **-ire** wird die Endung **-endo** an den Verbstamm angehängt:
  scrivere - scrivendo
  prendere - prendendo
  finire - finendo
  dormire - dormendo.

Im Deutschen wird **stare** + Gerundium mit *gerade* + Verb wiedergegeben: **Sto mangiando.** *Ich esse gerade.*

Das **gerundio** unregelmäßiger Verben wird mit finiten Verbformen gebildet:
fare - facendo (von **faccio**)
bere - bevendo (von **beve**)
dire - dicendo (von **dice**)
tradurre - traducendo (von **traduce**)
condurre - conducendo (von **conduce**).

Reflexivpronomen und unbetonte direkte und indirekte Objektpronomen stehen vor der Verbalkonstruktion.
Wenn der Satz verneint ist, kommt das Pronomen nach dem Verneinungswort und vor dem Verb **stare**: **non** + Pronomen + **stare** + **gerundio**: **Non ti sto ascoltando.** *Ich höre dir gerade nicht zu.*

Das Andauern einer Handlung kann auch durch die Konstruktion: **stare** + **a** + Infinitiv ausgedrückt werden: **Stanno a discutere.** *Sie sind am Diskutieren.*

Mit dem Verb **stare** kann man auch eine Körperhaltung beschreiben, in der sich jemand befindet:
stare seduto *sitzen*; **stare in piedi** *stehen*.

1. Luca und Stefano waschen samstags Socken. ....
2. Du hast einen Hund und ich habe eine Katze. ....
3. Wir lernen Italienisch und Spanisch, und ihr? ....
4. Maria schläft wenig und ist immer müde. ....
5. Sie ist schön, groß, schlank und auch bescheiden. ....
6. Fährst auch du nach Lecce? ....
7. Ich auch! ....
8. Magst auch du Lasagne? ....
9. Ich auch! ....
10. Abends lese ich ein Buch oder schaue einen Film an. ....
11. Kauf Äpfel oder Orangen. ....
12. Mein Drucker druckt entweder leere Seiten oder bleibt stehen. ....
13. Entweder ich oder sie. Du musst wählen. ....
14. Magst du lieber das Meer oder das Gebirge? ....
15. Möchtest du Wasser, Saft oder Wein? ....
16. Ich möchte nicht hierbleiben, aber ich muss. ....
17. Geh, wohin du willst, aber sei vorsichtig. ....
18. Ich bin nicht einverstanden, helfe dir aber dennoch. ....

1. Luca e Stefano lavano i calzini il sabato.
2. Tu hai un cane e io ho un gatto.
3. Studiamo l'italiano e lo spagnolo, e voi?
4. Maria dorme poco ed è sempre stanca.
5. È bella, alta, snella, e anche modesta.
6. Anche tu vai a Lecce?
7. Anch'io!
8. Anche a te piacciono le lasagne?
9. Anche a me!
10. La sera leggo un libro o guardo un film.
11. Compra le mele o le arance.
12. La mia stampante stampa pagine vuote oppure si blocca.
13. O io, o lei. Devi scegliere.
14. Preferisci il mare o la montagna?
15. Vuoi l'acqua, il succo o il vino?
16. Non voglio rimanere qui, ma devo.
17. Vai dove vuoi, però stai attento/a.
18. Non sono d'accordo, tuttavia ti aiuto.

Konjunktionen verbinden (Teil)Sätze bzw. Satzteile miteinander. In dieser unità werden die wichtigsten italienischen Konjunktionen vorgestellt, und ihre Funktionen näher beschrieben.

Die Konjunktion **e** entspricht dem deutschen *und*, s. Sätze 1 und 2. Sie wird ohne Akzent geschrieben. Die Verbform **è** *ist* (von **essere**) schreibt man dagegen mit Akzent (vgl. Sätze 3 und 4).

Um die Aussprache zu erleichtern, wird an die Konjunktion **e** ein **-d** angefügt, wenn danach ein Wort folgt, das mit dem Vokal **e** beginnt: **Maria ed Erica** *Maria und Erica*.
Das gilt auch für die Präposition **a**, die vor einem Wort, das mit **a** beginnt, ein **-d** erhält: **Telefono ad Anna.** *Ich rufe Anna an.* **Ad Ancona** *in Ancona*.

Vor dem Personalpronomen **io** wird **anche** apostrophiert, das **e** fällt also weg: **anch'io**.

Das Wort **lasagne** und andere Bezeichnungen von Nudelgerichten stehen im Plural: **gli spaghetti, le penne, le tagliatelle**.

Die Konjunktion **o** übersetzt man mit *oder*. Ihre betonte Variante, mit der man Dinge gegenseitig ausschließt, ist **oppure**, s. Satz 12.

Entweder ... oder ... kann man ausdrücken, indem man zweimal die Konjunktion **o** verwendet: **O mi aiuti o te ne vai.** *Entweder du hilfst mir, oder du gehst.*

Mit **ma** kann man einen Kontrast bzw. Gegensatz formulieren wie im Deutschen mit *aber*. Synonyme von **ma** sind **però** *jedoch* (**ò** unbedingt mit Akzent, denn **pero** ohne Akzent bedeutet *Birnbaum*) und **tuttavia** *jedoch, dennoch* (formeller und leitet oft den Satz ein).

19. Ich gehe nicht aus, weil es regnet. ....

20. Warum bist du traurig? Warum weinst du? ....

21. Ich ertrage die Hitze nicht, deshalb fahre ich im Sommer ins Gebirge. ....

22. Ich gehe aus, auch wenn es regnet. ....

23. Das Wetter ist fürchterlich, wir müssen also zu Hause bleiben. ....

24. Ich denke, also bin ich. ....

25. Wir haben kein Geld mehr, ich kann dir also keine Bonbons kaufen. ....

26. Gefällt es dir nicht? Dann nehmen wir es nicht. ....

27. Ich höre Musik, wenn ich traurig bin. ....

28. Wann kommst du uns besuchen? ....

29. Die Versammlung ist in zwei Wochen, und zwar am 26. März. ....

30. Ich fange an, den Nachtisch zuzubereiten, das heißt, ich schneide das Obst und mache die Schlagsahne. ....

31. Ich bin müde, fühle mich schlecht und habe viel Arbeit; kurz und gut - das Leben ist nicht leicht. ....

32. Ausgerechnet hierher musst du dich setzen? ....

33. Ich möchte dir vor allem für die Hilfe danken, und dann können wir über das Projekt sprechen. ....

34. Vielleicht hast du recht. ....

35. Sicherlich! Sicher habe ich recht. ....

36. Und so sind wir beim letzten Satz des Kapitels angelangt. ....

19. Non esco perché piove.

> Vor **perché** steht in der Regel kein Komma.

20. Perché sei triste? Perché piangi?

> **Perché** hat als Konjunktion die Bedeutung *weil, da, denn* (wie in Satz 19). Als Frageadverb bedeutet es *warum* (s. Satz 20).

21. Non sopporto il caldo, perciò d'estate vado in montagna.

> Anstatt **perciò** kann man auch den Ausdruck **per questo** verwenden: **Ho troppo lavoro, per questo non posso partire.** *Ich habe zu viel Arbeit, deshalb kann ich nicht verreisen.*

22. Esco anche se piove.

> **Anche se** ist eine zweiteilige Konjunktion mit der Bedeutung *obwohl, selbst wenn.*

23. Il tempo è terribile, quindi dobbiamo rimanere a casa.

24. Penso, dunque sono.

25. Non abbiamo più soldi, allora non posso comprarti le caramelle.

26. Non ti piace? Allora non lo prendiamo.

> **Quindi** bedeutet *folglich, also* und leitet Konsekutivsätze ein. Bedeutungsgleich, aber etwas formeller, ist **dunque**.
> Vor beiden Konjunktionen steht ein Komma und beide können auch nach dem Verb stehen:
> **Il tempo è terribile, dobbiamo, quindi, rimanere a casa.**
> **Il tempo è terribile, dobbiamo, dunque, rimanere a casa.**
> Eine umgangssprachlichere Variante ist **allora.** Diese Konjunktion kann auch allein auftreten, vorzugsweise am Satzanfang, um den Gesprächspartner zu einer Antwort zu bewegen: **(E) allora? Che dici, andiamo?** *Und? Was meinst du, gehen wir?*

27. Ascolto la musica quando sono triste.

28. Quando vieni a trovarci?

> Wie **perché** kann auch **quando** am Anfang einer Frage stehen (wie das deutsche *wann*).

29. La riunione è fra due settimane, cioè il 26 marzo.

30. Comincio a preparare il dolce, cioè taglio la frutta e faccio la panna montata.

> Die Konjunktion **cioè** *das heißt, nämlich, und zwar* erläutert und präzisiert. Man kann sie auch alleine verwenden, um vom Gesprächspartner eine Erklärung zu fordern: **E cioè?**

31. Sono stanco, mi sento male e ho tanto lavoro, insomma, la vita non è facile.

32. Proprio qui ti devi sedere?

33. Soprattutto, ti voglio ringraziare per l'aiuto, poi possiamo parlare del progetto.

34. Forse hai ragione.

35. Certamente! Certo che ho ragione.

36. E così siamo arrivati all'ultima frase del capitolo.

> Neben den Konjunktionen gibt es auch einige Adverbien mit vergleichbarer Funktion:

certamente, sicuramente, senz'altro	*bestimmt, sicher(lich), gewiss*
così	*so*
forse	*vielleicht*
poi	*dann, danach*
proprio	*wirklich; genau, gerade*
soprattutto	*vor allem*

1. Hallo Jungs! ....
2. Hallo! Wie schön dich zu sehen! ....
3. Luca, du bist der Wahnsinn! ....
4. Duze mich. ....
5. Warum nicht? ....
6. Kann sein. ....
7. Ich schaffe es nicht mehr. ....
8. Hilf mir. ....
9. Gerne. ....
10. Mit Vergnügen. ....
11. Nur Mut! ....
12. Ich bin blank. ....
13. Tut mir leid. ....
14. Entschuldigen Sie, wo sind die Umkleideräume? ....
15. Wie ekelhaft! ....
16. Wirklich? ....
17. Ich habe Lust zu tanzen. ....
18. Ich habe Lust auf einen Kaffee. ....

1. Ciao, ragazzi!

Obwohl **ragazzi** die Pluralform des männlichen Substantivs **il ragazzo** *der Junge* ist, kann man sich damit auch an eine Gruppe von Jungen und Mädchen wenden.

2. Ciao! Che bello vederti!

3. Luca, sei un mito!

Wörtl. *du bist ein Mythos*. Man kann auch sagen: **sei mitico**, wörtl. *du bist legendär*. In der Jugendsprache bezeichnet man so jemanden, den man besonders toll findet.

4. Dammi del tu.

5. Perché no?

6. Può darsi.

7. Non ce la faccio più.

8. Dammi una mano.

Wörtl. *Gib mir eine Hand*. Achtung! Wenn man den unbestimmten durch den bestimmten Artikel ersetzt (**dammi la mano)**, hat der Satz keine übertragene Bedeutung mehr, sondern nur die wortwörtliche: *Gib mir deine Hand*.

9. Volentieri.

10. Con piacere.

11. Forza!

Mit dem Aufruf **Forza!** möchte man jemanden dazu ermuntern, nicht den Kopf hängen zu lassen. Diese Ermutigung entspricht je nach Kontext deutschen Ausdrücken wie *Kopf hoch!* oder *Nur Mut!*
Während eines Fußballspiels wird damit eine Mannschaft angefeuert:
Forza, Juve/Milan/Roma/...!

12. Sono al verde.

13. Mi dispiace.

14. Scusi, dove sono i camerini?

15. Che schifo!

16. Davvero?

17. Ho voglia di ballare.

Den Ausdruck **avere voglia di** *Lust haben auf* kann man mit einem Infinitiv (Satz 17) oder einem Substantiv (Satz 18) verbinden.

18. Ho voglia di un caffè.

19. Hoffen wir das Beste.

    ....

20. Ich hoffe es.

    ....

21. Wie schön!

    ....

22. Gratulation!

    ....

23. Zier dich nicht.

    ....

24. Hör mal, wo ist Luca?

    ....

25. Ich habe keine Ahnung.

    ....

26. Wie schade!

    ....

27. Entschuldigen Sie, wo ist die Toilette?

    ....

28. Ich weiß es nicht.

    ....

29. Aber sicher doch.

    ....

30. Was ist los?

    ....

31. Alles okay.

    ....

32. Kein Problem.

    ....

33. Hals- und Beinbruch!

    ....

34. Toi, toi, toi.

    ....

35. Ich muss los.

    ....

36. Bis zum nächsten Mal!

    ....

19. Speriamo bene.

20. Spero di sì.

21. Che bello!

22. Congratulazioni!

23. Non fare complimenti.

24. Senti, dov'è Luca?

25. Non ho idea.

26. Che peccato!

27. Scusi, dov'è il bagno?

28. Non lo so.

29. Certo che sì.

30. Che succede?

31. Tutto a posto.

32. Non c'è problema.

33. In bocca al lupo!

34. Crepi (il lupo)!

35. Devo scappare.

36. Alla prossima!

Fügt man zum Verb **sperare** *hoffen* noch das Adverb **bene** *gut* hinzu, drückt man damit aus, dass man auf einen guten Ausgang einer Sache hofft.

Oder **spero di no**, wenn man sagen möchte: *hoffentlich nicht.*

In dieser Bedeutung verwendet man auch das Substantiv **complimento** im Plural: **Complimenti!** *Ich gratuliere!*

Wörtl. *Ich habe keine Idee.*

Das Substantiv **peccato** bedeutet in erster Linie *Sünde*.

Wörtl. *Alles am Platz.*

Wörtl. *Dem Wolf ins Maul!* Diese Wendung benutzt man, um jemandem Erfolg zu wünschen, z. B. vor einer Prüfung, einem Vorstellungsgespräch oder einem anderen wichtigen Ereignis. Sie kommt aus der Jägersprache, wird jedoch (und das sehr oft) in der Alltagssprache verwendet. Der Ausdruck ähnelt unserem *Hals-und-Beinbruch!*, bei dem man auch davon ausgeht, dass man das Gute beschwören kann, indem man das Böse wünscht.
Auf den Wunsch **In bocca al lupo!** darf man nicht mit **Grazie!** antworten, denn das könnte Unglück bringen. Man bleibt mit der Antwort in der Sprache der Jäger und gebraucht den Imperativ des Verbs **crepare** *krepieren*. Die vollständige Antwort wäre **Crepi il lupo!** *Möge der Wolf krepieren!*, aber es genügt auch **Crepi!**

Parole nuove

....

....

....

....

1. Wie heißt du?
   ....
2. Woher kommst du?
   ....
3. Ich wohne in Florenz, in der Via Laura.
   ....
4. Meine Eltern leben in Venedig.
   ....
5. Wie spät ist es?
   ....
6. Es ist spät. Es ist schon Viertel nach acht.
   ....
7. Ich gehe aus.
   ....
8. Wir gehen gleich aus.
   ....
9. Wohin geht ihr so früh?
   ....
10. Samstags stehe ich normalerweise um halb neun Uhr auf und frühstücke mit Luca.
    ....
11. Was für schöne Äpfel! Ich nehme zwei Kilo.
    ....
12. Es ist keine Milch mehr da. Wir müssen einen Liter kaufen, weil ich Pudding machen möchte.
    ....
13. Im September wollen wir in die Toskana fahren, nach Florenz oder nach Pisa.
    ....
14. Lucas Hund ist sehr faul und hat immer Hunger.
    ....
15. Ich treffe sie [männl., Plural] oft im Schwimmbad.
    ....
16. Diese Bonbons sind sehr gut. Wir kaufen sie oft.
    ....
17. Ich warte draußen auf dich.
    ....
18. Ich kann das nicht machen.
    ....

1. Come ti chiami?
2. Di dove sei?
3. Abito a Firenze in via Laura.
4. I miei genitori vivono a Venezia.
5. Che ore sono?
6. È tardi. Sono già le otto e un quarto.
7. Sto uscendo.
8. Stiamo per uscire.
9. Dove andate così presto?
10. Il sabato mi alzo di solito alle otto e mezza e faccio colazione con Luca.
11. Che belle mele! Ne prendo due chili.
12. Non c'è più latte. Dobbiamo comprarne un litro perché voglio fare il budino.
13. A settembre vogliamo andare in Toscana, a Firenze o a Pisa.
14. Il cane di Luca è molto pigro e ha sempre fame.
15. Li incontro spesso in piscina.
16. Queste caramelle sono molto buone. Le compriamo spesso.
17. Ti aspetto fuori.
18. Non so farlo.

19. Wartet auf uns! ....

20. Entschuldigen Sie, die Dame, von welchem Gleis fährt der Zug nach Rom ab? ....

21. Der Zug fährt gleich von Gleis acht ab. ....

22. Ich habe Lust wegzufahren. ....

23. Ich antworte euch später, jetzt bin ich beschäftigt. ....

24. Du musst ihr nichts erklären. ....

25. Mir gefallen deine Augen. ....

26. Ich stelle dir Stefano, einen Freund von mir, vor. ....

27. Ich übersetze gerne deutsche Sätze ins Italienische. ....

28. Ich sterbe vor Hunger. Ist die Pasta schon fertig? ....

29. Essen wir sie gemeinsam! ....

30. Mir gefällt dieser Rock nicht, möchtest du ihn? ....

31. Diese CDs gefallen mir nicht, möchtest du sie? ....

32. Diese Tagliatelle schmecken mir nicht, möchtest du sie essen? ....

33. Dieser Kaffee schmeckt mir nicht, möchtest du ihn trinken? ....

34. Ich weiß es nicht. ....

35. Wie viel kosten diese Birnen? ....

36. Wie oft geht ihr ins Theater? ....

19. Aspettateci!

20. Scusi, signora, da quale binario parte il treno per Roma?

21. Il treno sta per partire dal binario otto.

22. Ho voglia di partire.

23. Vi rispondo dopo, ora sono occupato/a.

24. Non devi spiegarle niente.

25. Mi piacciono i tuoi occhi.

26. Ti presento Stefano, un mio amico.

27. Mi piace tradurre le frasi tedesche in italiano.

28. Sto morendo di fame. La pasta è già pronta?

29. Mangiamola insieme!

30. Non mi piace questa gonna, la vuoi?

31. Non mi piacciono questi CD, li vuoi?

32. Non mi piacciono queste tagliatelle, le vuoi mangiare?

33. Non mi piace questo caffè, lo vuoi bere?

34. Non lo so.

35. Quanto costano queste pere?

36. Quanto spesso andate a teatro?

37. Leider selten, aber wir gehen einmal pro Monat ins Kino. ....

38. Was ist los? ....

39. Alles okay. ....

40. Möchtest du mit uns ans Meer kommen? ....

41. Gerne. Wann fahrt ihr? ....

42. Übertreib nicht. Wir haben noch Zeit. ....

43. Warum weinst du? ....

44. Ich bin traurig und wütend. ....

45. Was interessiert dich? ....

46. Nichts. Ich habe Kopfschmerzen. ....

47. Möchtest du einen Kaffee? Oder soll ich dir vielleicht einen Kamillentee machen? ....

48. Was meinst du dazu? ....

49. Geht in Ordnung. ....

50. Ich bin hier! Schau! ....

51. Welches ist dein Lieblingsbuch? ....

52. Am Samstag gehen wir zu Luca. Kommst du mit uns? ....

53. Die Schule ist in der Nähe der Bank. Weißt du wo? ....

54. Ich höre ein Geräusch. ....

37. Purtroppo, raramente, ma andiamo al cinema una volta al mese.
38. Che succede?
39. Tutto a posto.
40. Vuoi venire con noi al mare?
41. Volentieri. Quando partite?
42. Non esagerare. Abbiamo ancora tempo.
43. Perché piangi?
44. Sono triste e arrabbiato/a.
45. Che cosa ti interessa?
46. Niente. Ho mal di testa.
47. Vuoi un caffè? O forse ti faccio una camomilla?
48. Che ne dici?
49. Va bene.
50. Sono qui! Guarda!
51. Qual è il tuo libro preferito?
52. Sabato andiamo da Luca. Vieni con noi?
53. La scuola è vicino alla banca. Sai dove?
54. Sento un rumore.

55. An unserer Universität gibt es siebenunddreißigtausend Studenten. ....

56. Wenn du willst, kannst du dich setzen. ....

57. Ich lese zwanzig Seiten pro Tag, und du? ....

58. Ich kann nicht kochen, aber ich kann das Geschirr spülen. ....

59. Mein Cousin heiratet im Mai, das heißt in vier Monaten. ....

60. Heute müssen wir gewinnen! ....

61. Ich wähle dich! ....

62. Die Monate im Sommer sind: Juni, Juli und August. ....

63. Hier wohnen wenig Menschen. ....

64. Wem gehört dieser Füller? ....

65. Ober! Die Rechnung bitte. ....

66. Wie lautet deine Telefonnummer? ....

67. Ich habe Angst vor dir. ....

68. Du hast recht. ....

69. Wer ist der Mann dort? ....

70. Es regnet wieder. ....

71. Ist es leicht oder schwierig? ....

72. Es ist sehr leicht und sehr angenehm. ....

55. Alla nostra università ci sono trentasettemila studenti.

56. Se vuoi, ti puoi sedere.

57. Leggo venti pagine al giorno, e tu?

58. Non so cucinare, ma posso lavare i piatti.

59. Mio cugino si sposa a maggio, cioè fra quattro mesi.

60. Oggi dobbiamo vincere!

61. Scelgo te!

62. I mesi d'estate sono: giugno, luglio ed agosto.

63. Poche persone abitano qui.

64. Di chi è questa penna?

65. Cameriere! Il conto, per favore.

66. Qual è il tuo numero di telefono?

67. Ho paura di te.

68. Hai ragione.

69. Chi è quell'uomo?

70. Piove di nuovo.

71. È facile o difficile?

72. È facilissimo e molto piacevole.

Parole nuove

Erfolgreich Vokabeln lernen mit der 5-Fächer-Methode

- **Lernkarten:** 800 thematisch sortierte Karten mit rund 1.700 Vokabeln, Wendungen und Beispielsätzen
- **Aussprachetraining:** alle Wörter zum Anhören und Nachsprechen
- **Bildkarten:** die 100 wichtigsten Wörter zum Einprägen als Bild
- **Vokalbeltrainer-App:** zum Wiederholen unterwegs

ISBN: 978-3-12-560114-7

ISBN: 978-3-12-562995-0